Julien Bettner

Chemie 7–10 berufsbezogen

Lehrplaninhalte und Berufsorientierung verbinden

D1673064

Gedruckt auf umweltbewusst gefertigtem, chlorfrei gebleichtem und alterungsbeständigem Papier.

1. Auflage 2019
© 2019 Auer Verlag, Augsburg
AAP Lehrerfachverlage GmbH
Alle Rechte vorbehalten.

Covergestaltung: annette forsch konzeption und design, Berlin
Umschlagfoto: Icons flaticon.com; Illustrationen: Annette Forsch
Illustrationen: Stefanie Aufmuth, Corina Beurenmeister, Steffen Jähde, Hendrik Kranenberg
Satz: Typographie & Computer, Krefeld
Druck und Bindung: Korrekt Nyomdaipari Kft
ISBN 978-3-403-08040-4
www.auer-verlag.de

Inhaltsverzeichnis

Vorwort

Oftmals fällt es schwer, den Schülerinnen und Schülern[1] im Rahmen des Unterrichts die Relevanz der vermittelten Fachinhalte für ihr späteres Berufsleben aufzuzeigen. Der Fachlehrer sieht sich daher häufig mit der Frage „Was nützt mir das für später?" konfrontiert.

Das vorliegende Arbeitsheft bietet genau hierfür eine Lösung: Es nimmt berufspraktischen Bezug auf die Lehrplaninhalte bzw. die Kerncurricula, sodass die Berufsvorbereitung ganz „nebenbei" in den Fachunterricht integriert werden kann, ohne zusätzlichen Vorbereitungsaufwand zu erzeugen. So wird den Schülern ermöglicht, die Wichtigkeit der behandelten Themen in Hinblick auf ihre Berufswahl zu erkennen.

Da die Themen mit passenden Berufsbildern verknüpft werden, können sich die Schüler ihrer Kompetenzen bewusst werden und diese hinsichtlich der Berufsorientierung nutzen. In erster Linie sollen den Schülern eigene Neigungen, Interessen und Fähigkeiten deutlich werden. Darüber hinaus lernen sie verschiedene Berufe kennen und können sich so konkretere Vorstellungen von ihren späteren Möglichkeiten verschaffen. Hinblickend auf Berufspraktika können sie dadurch eine gezieltere Auswahl treffen.

Bei allen genannten Berufen handelt es sich um tatsächliche Ausbildungsberufe, die nach dem Haupt- oder dem Realschulabschluss erlernt werden können.

Das Arbeitsheft ist in sechs Hauptthemen und 26 Unterthemen gegliedert, die sich am Lehrplan orientieren. Jedem Unterthema ist ein spezifischer Beruf zugeordnet. Dabei werden nicht nur Berufe hervorgehoben, deren Fachbezug offensichtlich ist, sondern auch solche, bei denen dieser auf den ersten Blick nicht erkennbar erscheint.

Den Schülern wird zunächst der Beruf in seinen Aufgabenfeldern vorgestellt, sodass sie einen Einblick in die Tätigkeit erhalten. Daraufhin folgen Aufgaben, die sich auf die beschriebenen Berufe beziehen. So können die Arbeitsblätter gezielt im Unterricht eingesetzt werden, bringen zudem die unterrichtlichen Inhalte voran und motivieren durch ihre Anwendungsbezüge. Durch die realitätsnahen Situationen wird stets eine Vielzahl von Kompetenzen abgedeckt und auf verschiedenen Anforderungsniveaus erweitert.

---

[1] Aufgrund der besseren Lesbarkeit ist in diesem Buch mit Schüler auch immer Schülerin gemeint, ebenso verhält es sich mit Lehrer und Lehrerin etc.

Was machen eigentlich Feinpolierer/-innen?

Feinpolierer/-innen polieren Schmuck wie Armbänder, Ringe oder auch Uhrengehäuse, sowie diverse chirurgische Instrumente auf Hochglanz. Bei den groben mechanischen Arbeiten helfen ihnen Schleif- und Poliermaschinen. Zudem nutzen sie chemische Metallverarbeitungsprozesse. Diese erleichtern die feinen Polierarbeiten. Für diesen Beruf sind chemische, mathematische und technische Grundkenntnisse wichtig.

1. Um Schmuck oder metallische Oberflächen sauber zu bekommen, müssen chemische Prozesse durchgeführt werden. Sina erlernt diesen Beruf und weiß daher, wie sich die verschiedenen Metalle zueinander verhalten.

a) Sie erläutert den Begriff der „Spannungsreihe" einem anderen Auszubildenden und betont dabei die Begriffe „edel" und „unedel".

b) Sie erstellt eine Spannungsreihe der folgenden Stoffen (von unedel zu edel):
Au – Ag – Cu – Mg – Na – Al – Ca – Pb – Fe – Zn.

c) Für eine Präsentation in der Berufsschule muss Sina den chemischen Prozess erklären, der hinter der Spannungsreihe steckt. Sina erklärt dafür kurz die Begriffe „Oxidation" und „Reduktion".

d) Bei ihrer Recherche klärt sie auch, was eine Redoxreaktion ist und welche Information über Metalle sie benötigt, um die Gleichung diese Redoxreaktion aufzustellen. Sie fasst ihre Ergebnisse für ihre Mitschüler zusammen.

2. Zur Veranschaulichung zeigt der Berufsschullehrer ein Experiment: Er gibt einen Eisennagel in eine Metallsalzlösung (z.B. Kupfersulfat-Lösung) und auf dem Eisennagel bildet sich eine braun-rötliche Schicht.

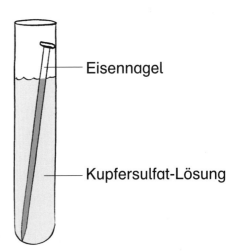

Eisennagel

Kupfersulfat-Lösung

a) Die Auszubildenden erklären diese Beobachtung.

b) Anschließend sollen sie Oxidation und Reduktion dieser Redoxreaktion als Reaktionsgleichungen notieren.

c) Zum Abschluss darf Sina ein Experiment durchführen, muss aber zuerst eine Vermutung über dessen Ausgang aufstellen. Der Kupfernagel wird nun in eine Eisensulfat-Lösung gegeben.

Julien Bettner: Chemie berufsbezogen 7/10
© Auer Verlag

1.2 Galvanisches Element (Edelmetallprüfer/-in)

Was machen eigentlich Edelmetallprüfer/-innen?

Edelmetallprüfer/-innen untersuchen Edelmetalle wie Gold, Silber oder Platin nach ihrem Gehalt in Legierungen und Lösungen. Für diese Arbeit nutzen sie verschiedene chemische Prozesse, um die chemischen Eigenschaften dieser Metalle zu untersuchen, z. B. die Dichte oder ihr Verhalten gegenüber anderen Metallen. Die Ergebnisse werden protokolliert und ausgewertet, um damit weiterarbeiten zu können.

1. Die Arbeit von Edelmetallprüfer/-innen ist ein sehr verantwortungsvoller Job, weil mit besonders teuren Metallen gearbeitet wird. Arbeitet man nicht ordentlich, geht dieser teure Rohstoff und somit möglicher Gewinn verloren. Daher ist es sehr wichtig, sich in den chemischen Prozessen sehr gut auszukennen. Ein Kollege erklärt Stefan die Handhabung eines neuen Gerätes und testet so sein chemisches Vorwissen.

a) Beschreibe den Unterschied zwischen einer Elektrolyse und einem galvanischen Element.

b) Man unterscheidet beim galvanischen Element zwischen der Primär- und der Sekundärzelle. Erkläre diesen Unterschied.

c) Galvanische Elemente gibt es im Haushalt immer wieder. Nenne jeweils ein Beispiel für Primär- und Sekundärzellen.

2. Das klassischste galvanische Element ist das Daniell-Element. In diesem Element erzeugen die Metalle Kupfer und Zink elektrischen Strom. Dazu wird jeweils ein Metallblech in seine eigene Salzlösung getaucht. Die Metalle werden in einzelne Gefäße gegeben und mit einer Salzbrücke verbunden.

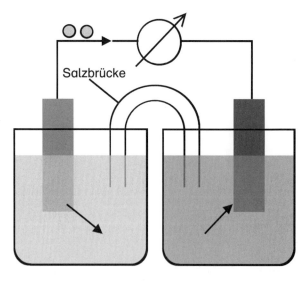

a) Jana soll in ihrem Ausbildungsbetrieb die Bauteile dieses Daniell-Elements benennen. Anschließend soll sie seine Funktionsweise erklären und zeigen, in welche Richtung der Elektronenfluss fließt.

b) Sie erklärt zudem, welche Aufgabe die Salzbrücke hat sowie ob und welche Alternativen es dafür gibt.

c) Abschließend begründet sie, warum hier zwei Reaktionsgefäße nötig sind und nicht nur eines, wie bei der Elektrolyse.

3. Eine galvanische Zelle kann sich in den meisten Fällen nur einmal „entladen". Ausnahmen sind „Akkus", diese können vielfach verwendet werden. Jonas benennt und erklärt diesen Vorgang in der Berufsschule.

Elektrochemie

Julien Bettner: Chemie berufsbezogen 7/10
© Auer Verlag

1.3 Elektrolyse (Chemikant/-in)

Was machen eigentlich Chemikant/-innen?

Chemikant/-innen arbeiten – im Gegensatz zu manchen Erwartungen – mit großen Mengen Chemikalien. Sie stellen chemische Produkte wie Waschmittel, Kosmetika, Farben und vieles mehr, aus organischen und anorganischen Rohstoffen her. Dazu müssen sie diese Stoffe erhitzen, kühlen oder destillieren. Für diese Prozesse bedienen sie große Produktionsanlagen und Maschinen. Chemikant/-innen kontrollieren und protokollieren aber auch Messwerte und entnehmen sowie prüfen diese Proben.

1. Roberts Mutter ist Chemikantin. Sie nutzt in ihrem Beruf oft den Prozess der Elektrolyse. Dies ist eine chemische Reaktion, die mithilfe von elektrischem Strom durchgeführt wird und auch zur Gewinnung von Metallen eingesetzt wird. Man setzt dafür Stoffe in einen elektrischen Stromkreis ein. Positiv geladene Ionen (Anionen) wandern dann zum Minuspol und die negativ geladenen Ionen (Kationen) wandern zum Pluspol. Die Anionen nehmen Elektronen auf und die Kationen geben Elektronen ab. Aus den Ionen werden somit elementare Stoffe.

a) Erkläre, warum bei Elektrolysen Salzlösungen und Salzschmelzen benutzt werden, jedoch keine festen Salze.

b) Beschrifte das Bild mit diesen Begriffen: *Anion, Anode, Kation, Kathode, Minuspol, Pluspol, Stoff 1, Stoff 2.*

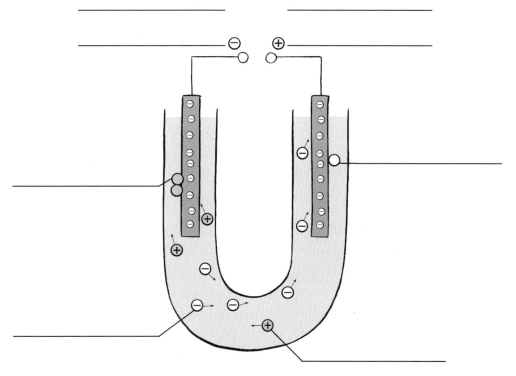

c) Beschreibe die Vorgänge an den Polen.

Julien Bettner: Chemie berufsbezogen 7/10
© Auer Verlag

2. Um den Vorgang der Elektrolyse näher verstehen zu können, müssen Chemikant/-innen die Vorgänge anhand der Elektronenwanderung und den entstehenden Atomen erklären können. Da jedes Ion eine andere Ladung hat, entstehen verschiedene Reaktionsgleichungen. Schreibe zu den folgenden drei Salzlösungen die Reaktionsgleichungen auf, die bei der Elektrolyse am Plus- und am Minuspol entstehen:

a) Natriumchlorid, …

b) … Eisenbromid und …

c) … Aluminiumchlorid.

3. Sylvie hat ein Praktikum als Chemikantin absolviert. Ihr wurde erklärt, dass die Elektrolyse von Wasser die wichtigste Gewinnung von Wasserstoff ist. Wasserstoff wird beispielsweise bei der künstlichen Herstellung von Benzin genutzt oder in der Lebensmittelindustrie. Bei einer Wasserelektrolyse zerlegt man Wasser in seine beiden Hauptbestandteile. Diese Elektrolyse führt man in einer Hofmannschen Zersetzungsapparatur durch.

a) Beschreibe die folgende Hofmannsche Zersetzungsapparatur und beantworte diese Fragen dazu:

b) Welche Gase bilden sich an den beiden Polen und wieso dort? Wie lauten die Reaktionsgleichungen?
(<u>Tipp:</u> Gase sind immer zweiatomig/molekular.)

c) Warum ist der Wasserstand in beiden Schenkeln unterschiedlich hoch?

d) Wie kann man die beiden Gase nachweisen?

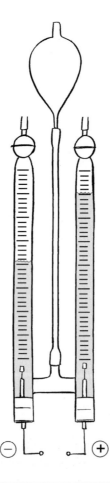

Julien Bettner: Chemie berufsbezogen 7/10
© Auer Verlag

Was machen eigentlich Goldschmiede/ Goldschmiedinnen?

Goldschmiede/Goldschmiedinnen stellen in aufwändiger Handarbeit aus verschiedensten Edelmetallen (vorwiegend Gold) Ringe, Ketten oder andere Schmuckstücke her. Das Gold muss dafür in verschiedenen (chemischen) Prozessen gereinigt und zunehmend veredelt werden. Ebenso gehören Reparaturen, Entwürfe und das Designen von Schmuckstücken zu ihren Aufgaben. Neben Fingerspitzengefühl benötigen sie Kreativität und handwerkliche sowie chemische Fähigkeiten.

1. Markus Lieblingsfach ist Chemie. So weiß er, dass unedle und edle Metalle in einer Spannungsreihe zusammengefasst sind. Diese Spannungsreihe hat er auswendig gelernt und kennt ihre Bedeutung, nur versteht er nicht, wie diese Reihenfolge zustande kommt.

a) In der folgenden Spannungsreihe haben sich Fehler eingeschlichen. Finde und korrigiere sie; ergänze die Lücken mit den folgenden Metallen: Eisen, Natrium und Silber.

Calcium – ____ – Magnesium – Zink – ____ – Aluminium – Blei – Kupfer – ____ – Gold

b) Gib an, welche dieser Metalle als unedel und welche als edel beschrieben werden.

c) Erkläre, nach welchem Kriterium die Spannungsreihe geordnet ist.

2. Markus erstellt in der Berufsschule mithilfe einer Standardwasserstoffelektrode seine eigene Spannungsreihe.

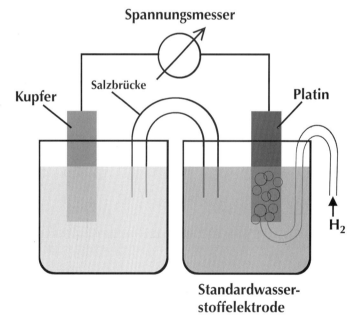

a) Beschreibe mithilfe des Bildes den Aufbau dieses Experiments.

b) Erkläre, wie und welche Spannungen gemessen werden.

c) Erkläre, welche Rolle hier Oxidation und Reduktion sowie Oxidationsmittel und Reduktionsmittel einnehmen.
(<u>Tipp:</u> Oxidation ist eine Elektronenabgabe, Reduktion dagegen die Aufnahme von Elektronen.)

3. Der Berufsschullehrer erklärt, dass Metalle auch mit Säuren reagieren können. Die Spannungsreihe hilft Markus, eine Vermutung für die entsprechende Reaktion zu formulieren und das Ergebnis zu interpretieren.

a) Formuliere seine Vermutungen zu der Reaktion von Metallen mit Säuren.

b) In einem weiteren Versuch hat er zwei Bechergläser, jeweils mit Salzsäure (HCl) gefüllt. In das erste Becherglas gibt er ein Stück Eisenblech, in das zweite ein Stück Kupferblech. Beschreibe und erkläre beide Reaktionen (mithilfe der Spannungsreihe).

Julien Bettner: Chemie berufsbezogen 7/10
© Auer Verlag

Was machen eigentlich Kraftfahrzeugmecha-troniker/-innen?

Kraftfahrzeugmechatroniker/-innen gibt es für verschiedene Fachrichtungen: Nutzfahrzeug-, Motorrad-, Karosserie- oder System- und Hochvolttechnik. Eine kürzere Schreibweise ist Kfz-Mechatroniker/-innen. Sie reparieren Schäden und führen Instandsetzungen an Kraftfahrzeugen wie Lkws, Motorrädern, Bussen oder Baufahrzeugen durch. Kraftfahrzeuge sind heutzutage mit vielen elektrischen Elementen und Computern ausgestattet, weshalb auch Wissen im Bereich der Elektrotechnik notwendig ist.

1. Eine Kfz-Mechatronikerin muss auch Korrosionsschäden an der Karosserie, die hauptsächlich aus Eisen besteht, beheben können.

a) Erkläre den Begriff Korrosion und nenne Beispiele dazu.
b) Man gibt etwas angefeuchtete Eisenwolle auf eine sehr feine Waage und lässt diese einige Wochen darauf liegen. Beschreibe die Beobachtungen und erkläre sie.

c) <u>Expertenaufgabe:</u> Beschreibe den Vorgang des Rostens mit Reaktionsgleichungen.

2. Ahmed repariert ein Auto mit Rostschäden. An wenigen Stellen vermutet er Korrosionsschäden an Aluminium- und Zinkbauteilen. Sein Meister hilft ihm hier weiter.

a) Beschreibe, ob und wie Korrosion bei den Metallen Aluminium und Zink abläuft.
b) Große Bauwerke, wie der Eiffelturm oder die Golden Gate Bridge, bestehen aus Stahl (eine Form von Eisen) und sind durch die Witterung ständig der Korrosion ausgesetzt. Nenne Möglichkeiten des Korrosionsschutzes und erkläre sie.

Julien Bettner: Chemie berufsbezogen 7/10
© Auer Verlag

2.3 Gewinnung von Eisen (Fachkraft für Metalltechnik)

Was machen eigentlich Fachkräfte für Metalltechnik?

Fachkräfte für Metalltechnik arbeiten in den Bereichen der Metallgewinnung, Metallverarbeitung und Metallkonstruktion. Es gibt verschiedene spezifische Fachrichtungen: Konstruktions-, Montage-, Zerspanungs- sowie Umform- und Drahttechnik. Fachkräfte für Metalltechnik fertigen Maßkonstruktionen an und montieren sie an industriellen Maschinen oder an Maschinen zur Weiterverarbeitung von Konstruktionen. Für diese Arbeiten nutzen sie verschiedene mechanische und thermische Verfahren und benötigen Grundkenntnisse in Physik und Chemie.

1. Eisen ist heutzutage das meistgebrauchte Metall der Welt, da es preisgünstig ist. Es wird daher in Form von Stahl und anderen Verbindungen für Bauwerke und Alltagsgegenstände genutzt. Reines Eisen kommt jedoch nicht in Gebirgen oder Bergwerken vor. Stattdessen arbeiten Fachkräfte für Metalltechnik an und mit einem bestimmten Prozess, um Eisen in großen Mengen herzustellen.

a) Gib an, aus welchem Material Eisen gewonnen wird und welcher Prozess dafür genutzt wird.

b) Beschrifte das Bild der Eisengewinnung mit diesen Begriffen: *mit Koks, Eisenerz und Kalkstein; Roheisen; Schlacke; Schmelz-; Schmelzen; Stickstoff, Kohlenstoffmonoxid, Kohlenstoffdioxid und Wasserstoff; und Trocknen; von Eisenoxid; von Heißluft; von Koks; von Roheisen; Vorwärm-; -zone.*

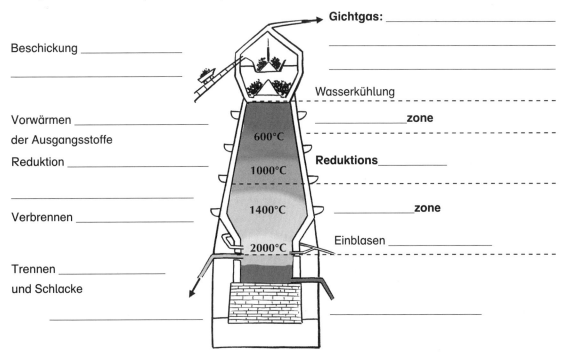

c) Erkläre schrittweise die Gewinnung des Eisens im Hochofen. Notiere dazu die Oxidation und Reduktion.

d) Beschreibe, welche Funktion die Schlacke und die Gichtgase haben.

Julien Bettner: Chemie berufsbezogen 7/10
© Auer Verlag

2.3 Gewinnung von Eisen (Fachkraft für Metalltechnik)

2. Fabian erklärt in der Berufsschule, wie Roheisen zu Stahl verarbeitet wird. Ergänze den Lückentext mit den folgenden Begriffen: *Ausblasverfahren; Autoindustrie; Härte; instabil; Konverter; Maschinenbau; oxidiert; Roheisen; Sauerstoff; Sauerstoff; spröde; Stahl; Zusammensetzung.*

Das Roheisen, das mithilfe des Hochofenprozesses gewonnen wurde, ist aufgrund des enthaltenen Kohlenstoffs _____ und _____. Um es weiter verarbeiten zu können, wird es daher in einen _____ (= ein Behälter) gegeben.

In diesem Konverter wird das _____ mit _____ ausgeblasen. Diesen Prozess nennt man Sauerstoff-_____. Dabei reagiert der Kohlenstoff mit dem _____ zu Kohlenstoffdioxid. Er wird _____. Das so veränderte Eisen enthält nur noch sehr wenig Kohlenstoff. Eisen dieser Form wird _____ genannt. Dieser Stoff wird in der Bauindustrie, im _____ und in der _____ genutzt. Es gibt verschiedene Sorten Stahl, die sich in ihrer _____ und ihrer _____ unterscheiden.

3. Der Hochofenprozess ist ein Verfahren um große Mengen an Eisen zu gewinnen. In der Berufsschule lernt Fabian ein weiteres Verfahren kennen. Dieses wird genutzt, wenn man kleinere Mengen Eisen gewinnen möchte, z.B. beim Verschweißen von Schienenstücken im Bahnverkehr.

a) Die Bilder zeigen dieses Verfahren. Benenne es.

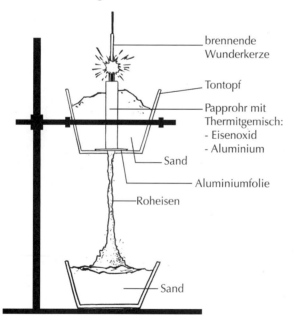

b) Nenne die Ausgangsstoffe und Endprodukte dieses Verfahrens. Erkläre das Prinzip, nach dem es funktioniert.

c) Notiere die Redoxreaktion(-sgleichung) dieses Verfahrens.

Julien Bettner: Chemie berufsbezogen 7/10
© Auer Verlag

Was machen eigentlich Pyrotechniker/-innen?

Pyrotechniker/-innen befassen sich mit Feuerwerken und Pyrotechnik aller Art. Diese erstrecken sich von der klassischen Rakete, über Fontänen, bis hin zu sogenannten Batterien. Dabei planen Pyrotechniker/-innen zusammen mit Regisseuren, Stuntleuten und Veranstaltungsplanern für verschiedenste Veranstaltungen, Feste, Filme und Theaterstücke die Ablaufpläne der Feuerwerke. Das Einholen der nötigen behördlichen Genehmigungen ist ebenfalls Teil dieser Arbeit. Es gibt Weiterbildung für verschiedene Richtungen: Großfeuerwerk, Filmpyrotechnik, Bühnenfeuerwerk und Spezialeffekte.

1. Jan feiert gerne mit seiner Familie Silvester. Besonders das Feuerwerk gefällt ihm am meisten. Früher glaubten die Menschen, dass durch die Farben und den Lärm die bösen Geister des vergangenen Jahres vertrieben werden. Jan gefallen die verschiedenen Farben im Feuerwerk und informiert sich, wie diese zustande kommen.

a) Am häufigsten werden Alkalimetalle und ihre Salze in Raketen verwendet. Zähle alle Alkali- und Erdalkalimetalle auf.

b) Im Labor der Berufsschule führt er einen Versuch durch, mit dem er die verschiedenen Farben der Salze ermitteln kann. Beschreibe seinen Versuchsaufbau und die Durchführung.

c) Notiere zu jedem Alkali- und Erdalkalimetall die dazugehörige Farbe und färbe die dazugehörige Flamme mit einem passenden Buntstift.

| Lithium | Natrium | Kalium | Rubidium | Cäsium |

| Beryllium | Magnesium | Calcium | Strontium | Barium |

2. Jans große Schwester Nele möchte wissen, wie diese Farben in den Metallen entstehen.

a) Das Bild zeigt das Element Natrium nach dem Bohrschen Atommodell. Erkläre mithilfe des Bildes, wie die Flammenfärbung entsteht.

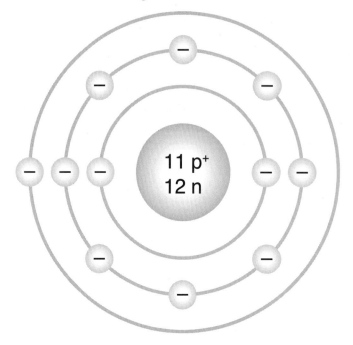

b) Beschreibe, warum sich die Farben der einzelnen Metalle unterscheiden.

3. Für eine Präsentation über Flammenfärbung in der Berufsschule beschäftigt sich Jan mit Robert Wilhelm Bunsen, einem sehr wichtigen Chemiker (1811 – 1899), der auch den nach ihm benannten Gasbrenner entwickelt hat (Bunsenbrenner). Er findet passend zu seinem Thema diese Anekdote, die er als Einstieg nutzen möchte:

> Eines Tages geht Bunsen mit einem Freund in ein Restaurant zum Essen. Es gibt Hähnchen. Nachdem sie die Knochen abgenagt haben, legen sie diese wieder auf den Teller zurück. Plötzlich zieht Bunsen eine kleine Tüte aus der Tasche und streut etwas Lithiumchlorid über die Knochen. Der Freund wundert sich, aber Bunsen gibt ihm keine Erklärung. Am nächsten Tag gehen sie in dasselbe Restaurant. Diesmal gibt es Hühnersuppe. Bunsen zieht beim Essen einen Spiritusbrenner und ein Stück Platindraht aus der Tasche. Den Draht taucht er kurz in die Suppe und hält ihn in die Brennerflamme. Die Flamme verfärbt sich rot. Bunsen schmunzelt; sein Freund wundert sich.

a) Erkläre, weshalb sich die Flamme rot färbte.
b) Erkläre, was Bunsen mithilfe des Lithiumchlorids nachweisen wollte.
c) Erkläre, warum Bunsen für seine Idee des Nachweises nicht Natriumchlorid benutzte.

Julien Bettner: Chemie berufsbezogen 7/10
© Auer Verlag

Was machen eigentlich Chemielaboranten/ Chemielaborantinnen?

Chemielaboranten/Chemielaborantinnen führen Experimente zu chemischen Stoffen und Prozessen durch. Sie untersuchen dabei anorganische sowie organische Stoffe auf ihr Verhalten und ihre Eigenschaften. Das anschließende Protokollieren ermöglicht eine Auswertung der Ergebnisse, die Optimierung chemischer und physikalischer Verfahren, sowie die Entdeckung neuer möglicher Prozesse und Verbindungen. Das Einhalten der Sicherheits- und Gesundheitsvorschriften ist dabei sehr wichtig, denn es gewährt die eigene Sicherheit, sowie die Sicherheit der Kollegen.

1. Anita arbeitet als Chemielaborantin in einem Labor und untersucht Legierungen. Hierbei muss sie sich mit den nötigen Symbolen und richtigen Verhaltensweisen auskennen.

a) Benenne die Bedeutung dieser Gefahrensymbole.

_____   _____   _____

_____   _____   _____

_____   _____   _____

_____   _____   _____

b) Auch in Anitas Labor muss jede Chemikalie gekennzeichnet sein und beschriftet werden. Beschreibe, welche Informationen das Etikett der Schwefelsäure enthält.

Schwefelsäure	
CAS 7664-93-9	
_____ Verursacht schwere Verätzungen der Haut und schwere Augenschäden _____ Kann gegenüber Metallen korrosiv sein. _____ Folgende Maßnahmen beachten: 1. Geeignete Schutzhandschuhe tragen. 2. Geschlossenen Laborkittel tragen. 3. Augenschutz tragen. + Je nach Gefahr auch Gesichtsschutz in Erwägung ziehen. 4. Gesichtsschutz tragen. 7. In Abzug arbeiten. _____ BEI VERSCHLUCKEN: Mund ausspülen. KEIN Erbrechen herbeiführen. _____ BEI BERÜHRUNG MIT DER HAUT (oder dem Haar): Alle kontaminierten Kleidungsstücke sofort auszuziehen. Haut mit Wasser abwaschen/duschen. _____ BEI BERÜHRUNG MIT DEN AUGEN: Einige Minuten lang behutsam mit Wasser ausspülen. Eventuell vorhandene Kontaktlinsen nach Möglichkeit entfernen. Weiter ausspülen. _____ Bei Exposition oder Unwohlsein: Sofort GIFTINFORMATIONSZENTRUM oder Arzt anrufen.	
	Gefahr
> >	**150 ml**

c) Auf allen Flaschen müssen die richtigen H- und P-Sätze angegeben sein. Erkläre, welche Informationen Anita diesen Sätzen entnehmen kann und gib an, welche hier abgebildet sind. Fasse sie kurz zusammen.

2. Lilly hat bei ihrem letzten Schwimmwettbewerb die Bronzemedaille gewonnen. Auf diese Medaille ist sie sehr stolz, kennt aber das Material Bronze nicht. Im Periodensystem der Elemente wird sie nicht fündig. Sie informiert sich dazu.

a) Erläutere, was eine Legierung ist.
b) Gib an, aus welchen Metallen die folgenden Legierungen bestehen: *Neusilber, Bronze, Messing, Stahl.*
c) Lillys Mutter besitzt noch eine Bratpfanne aus Gusseisen. Dies ist inzwischen selten. Gusseisen ist eine Verbindung aus Eisen und Kohlenstoff. Dazu werden Kohlenstoffatome unter hohen Temperaturen in das Metallgitter des Eisens gegeben. Zeichne das Teilchenmodell dazu und zeige, wie sich die Kohlenstoffatome in das Gitter der Eisenatome einfügen. Erkläre dies kurz.

3. Lilly ist nun Expertin für Legierungen und meldet sich für ein Referat zu diesem Thema. Sie zeigt dabei Beispiele, wie die verschiedenen Legierungen – je nach Eigenschaften – im Alltag genutzt werden.

Julien Bettner: Chemie berufsbezogen 7/10
© Auer Verlag

3.1 Synthese/Zerlegung von Wasser (Fachkraft für Abwassertechnik)

Was machen eigentlich Fachkräfte für Abwassertechnik?

Fachkräfte für Abwassertechnik arbeiten in Klär-anlagen sowie Abwasser- und Klärschlammanla-gen. Sie sind für die Aufbereitung von Abwässern zuständig. Diese Fachkräfte überwachen die Ma-schinen, lesen Messdaten ab, analysieren diese und müssen bei Bedarf die passenden Maßnah-men ergreifen, beispielsweise wenn eine große Schadstoffmenge vorhanden ist. Auch im Labor finden Untersuchungen statt. Die Ergebnisse werden im Büro protokolliert und in Form von Berichten festgehalten. Fachkräfte für Abwassertechnik müssen daher über naturwissenschaftliche Grundkenntnisse verfügen.

1. Lars lernt als angehende Fachkraft für Abwassertechnik in der Berufsschule, u. a. wie Wasser entsteht und wie sein chemischer Aufbau ist.

a) Nimm Stellung zu seiner Aussage: *„Wasser ist ein Element."*

b) In der Berufsschule wird Wasser mithilfe einer Hofmannschen Zersetzungsapparatur zerlegt. Zeichne, benenne und erkläre diesen Versuchsaufbau. Beschreibe mit diesem Versuch, welche Stoffe bei dieser Zerlegung entstehen, in welchem Verhältnis sie entstehen und wie man sie nachweisen kann.

c) Benenne und erkläre den Vorgang (und Versuch), bei dem Wasser gebildet wird.

d) Notiere die Wort- und Reaktionsgleichungen zur Zerlegung und Bildung von Wasser.

2. Wasserstoff ist einer der Bestandteile von Wasser. Ahmed untersucht ihn im Labor und stellt viele Übereinstimmungen mit den Eigenschaften von Wasser fest. Bei einer Ei-genschaft gibt es jedoch Unterschiede und hier muss er sehr vorsichtig experimentie-ren.

a) Gib an, welche Eigenschaft sich unterscheidet und warum diese so gefährlich ist.

b) In der Berufsschule lernt er technische Verwendungen für Wasserstoff. Nenne sie.

3. Juan erklärt einer Praktikantin den besonderen Aufbau von Wasser. Diese Struktur macht es zu einem reaktionsfreudigen „Stoff".

a) Zeichne den Aufbau eines Wassermoleküls.

b) Wasser reagiert normalerweise nicht spontan mit Nichtmetallen. Eine Ausnahme ist der Versuch, bei dem gasförmiges Fluor durch Wasser geblasen wird. Hierbei oxidiert das Wasser und wird in seine Bestandteile zerlegt. Juan bespricht mit seiner Prakti-kantin diesen Versuch. Notiere die Reaktionsgleichung.

Julien Bettner: Chemie berufsbezogen 7/10
© Auer Verlag

Was machen eigentlich Umweltanalytiker/-innen?

Umweltanalytiker/-innen prüfen mithilfe von biologischen sowie chemischen Untersuchungen, ob und wie stark Ökosysteme und deren Flora und Fauna mit Schadstoffen (z.B. Arzneimitteln, Schwermetallen oder toxischen Stoffen) belastet sind. Dabei überprüfen sie die Befunde mit regionalen und globalen Vergleichswerten und werten ihre Ergebnisse statistisch aus. Für die Erhebung der Daten werden verschiedene Messmethoden genutzt. Wichtige Themen sind die Wasseraufbereitung, der Klimawandel und der Treibhauseffekt. Hierfür arbeiten Umweltanalytiker/-innen mit Forschern und Ingenieuren zusammen und benötigen naturwissenschaftliche Kenntnisse.

1. Lisas Eltern renovieren das Haus, u.a. wird die Abwasseranlage erneuert. Sie informiert sich, ob und wie das tägliche Abwasser wieder als Frischwasser den Wasserhähnen zugeleitet wird.

a) Gib an, woher das Abwasser kommt, welche Stoffe darin enthalten sind und wohin die verschiedenen Abwässer fließen.

b) Das Bild zeigt die Reinigungsstufen einer Kläranlage. Beschrifte die Tabelle mit den folgenden Begriffen richtig: *Belebungsbecken, Biologische Reinigung, Chemische Reinigung, Faulturm, Flockungsfiltration, Gas, Gasleitung, Gewässer, Hebewerk mit Schneckenpumpe, Kanalisation, Klärschlamm, Klärschlamm als Dünger, Mechanische Reinigung, Nachklärbecken, Rechen, Rechengut und Sand, Rührkessel, Sand, Sandfang, Schlamm, Schlamm, Stromerzeugung, Vorklärbecken*

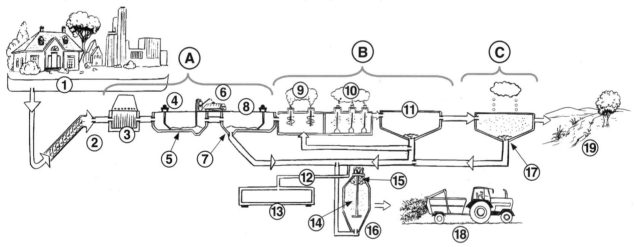

A		3		8	
B		4		9	
C		5		10	
1		6		11	
2		7		12	

Julien Bettner: Chemie berufsbezogen 7/10
© Auer Verlag

13	16	19
14	17	
15	18	

c) Erkläre den Reinigungsvorgang jeder Stufe.

d) Beschreibe, wohin das aufbereitete Wasser abgeleitet wird.

e) Der Klärschlamm kann weiterverarbeitet werden. Beschreibe kurz, in welcher Form dies geschieht und welche „Nebenprodukte" so entstehen.

2. Lisa versteht nun die Aufbereitung des Abwassers. Trotzdem ist ihr unklar, woher und wie das frische Leitungswasser in die Wohnung gelangt.

a) Nenne kurz, wer für unsere Wasserversorgung zuständig ist.

b) Das Frischwasser wird aus Quellwasser und Grundwasser gewonnen. Erläutere diese Begriffe.

c) Erkläre kurz, wie dieses Wasser aufbereitet wird.

3. Abwasser- und Wasseraufbereitung sind mit dem natürlichen Wasserkreislauf verbunden. Beschrifte das Bild des Wasserkreislaufs mit den Lückenworten. Erläutere dann diesen Zusammenhang.
Lückenworte: *Bodenschicht, Fluss, Grundwasser, Niederschlag, Regen / Schnee, See / Meer, Verdunstung, Verdunstung, Versickerung, Wind*

3.3 Wasserverbrauch/Wasser als Energiequelle (Umweltschutztechnische/-r Assistent/-in)

Was machen eigentlich Umweltschutztechnische Assistenten/Assistentinnen?

Umweltschutztechnische Assistenten/Assistentinnen arbeiten mit Ingenieuren, Wissenschaftlern und Beamten zusammen. Dabei führen sie eigenverantwortlich Aufgaben durch, wie die Untersuchung von Boden-, Wasser- oder Luftproben und nehmen Abgasmessungen oder Messungen im Lärmschutz- und Erschütterungsbereich vor. Mit diesen Ergebnissen fertigen sie Protokolle an, werten diese Informationen aus und erarbeiten anschließend mit Ingenieuren und anderen Experten Lösungsvorschläge für bestimmte Bereiche der Umweltforschung.

1. Nina arbeitet als umweltschutztechnische Assistentin bei den Stadtwerken und betreut dort u. a. den Bereich des Frischwasserbedarfs. Sie erfasst und vergleicht dazu den durchschnittlichen Wasserverbrauch für verschiedene Haushaltstätigkeiten.

Tätigkeit	Wasserverbrauch (ungefähre Angaben)
Getränke und Speisen	5 Liter pro Tag
Toilette – ohne Stopptaste – mit Stopptaste – defekte Spülung	 – 6,5 Liter pro Tag – 4,0 Liter pro Tag – 78 Liter pro Tag
Zähne putzen	3 Liter pro Tag
Hände waschen	7 Liter pro Tag
Duschen	60 Liter pro 5 Minuten
Baden	100 – 300 Liter pro Wanne
Pflanzen pflegen	1 Liter pro Pflanze und Woche
Spülmaschine: – alte Spülmaschine – neue Spülmaschine – Handabspülen	 – 13 Liter pro Waschgang – 8 Liter pro Waschgang – 8 Liter pro Waschbeckenfüllung
Waschmaschine: – alte Waschmaschine – neue Waschmaschine	 – 80 Liter pro Waschgang – 50 Liter pro Waschgang
Tropfender Wasserhahn	2,5 Liter pro Tag

a) Berechne mithilfe der Tabelle deinen durchschnittlichen Wasserverbrauch pro Tag bzw. pro Woche. Vergleiche ihn mit dem deines/-r Nebensitzers/-in.

b) Nenne Möglichkeiten, wie man Wasser sparen kann.

Julien Bettner: Chemie berufsbezogen 7/10
© Auer Verlag

c) Der durchschnittliche Wasserverbrauch in Deutschland liegt bei ungefähr 123 Liter pro Tag. Jugendliche im Sudan haben im Durchschnitt maximal 5 Liter zur Verfügung. Nenne Gründe und mögliche Folgen dieses unterschiedlichen Wasserverbrauchs.

d) Die Stadtwerke beraten den Stadtrat, wie der afrikanischen Partnerstadt bei ihrem Wasserproblem geholfen werden kann. Nina darf beim nächsten Treffen ihre Ideen einbringen. Beschreibe, wie man die Wasserversorgung dieser Länder verbessern kann.

2. Ninas Kollege beschäftigt sich mit der Energiegewinnung durch Wasserkraft.

a) Erkläre den Unterschied zwischen Primär- und Sekundärenergie. Nenne Beispiele dazu.

b) Erkläre die Funktion von Wasserkraftwerken.

c) Begründe, wieso die Energiegewinnung mit Wasserkraft auch erneuerbare Energie genannt wird. Beschreibe den Unterschied zu fossilen Energieträgern.

3. Ninas Kollege vergleicht für einen Bericht die verschiedenen Typen von Wasserkraftwerken: Laufwasser-, Speicher-, Pumpspeicher- und Gezeitenkraftwerke. Kreuze die jeweils richtige Erklärung an.

☐ 1. Pumpspeicherkraftwerke laufen kontinuierlich und erzeugen so elektrischen Strom.

☐ 2. Gezeitenkraftwerke arbeiten mithilfe der von Ebbe und Flut produzierten Strömung (= Tidenhub).

☐ 3. Gezeitenkraftwerke laufen nach der Arbeitszeit der jeweiligen kontrollierenden Arbeitskräfte. Die Arbeitszeit ist jeden Tag unterschiedlich.

☐ 4. Laufwasserkraftwerke speichern zunächst das durchfließende Wasser in Stauseen.

☐ 5. Pumpspeicherkraftwerke bestehen aus zwei verschiedenen Becken und werden nur bei Bedarf in Betrieb genommen.

☐ 6. Speicherkraftwerke erzeugen keine Energie, sondern speichern nur die aus den Laufwasserkraftwerken erzeugte Energie.

☐ 7. Laufwasserkraftwerke werden vor allem an Flüssen eingesetzt. Sie nutzen die Strömung der Flüsse und erzeugen so elektrischen Strom.

☐ 8. Bei Speicherkraftwerken fällt das Wasser aus hochgelegenen Stauseen aus sehr großen Höhen in die Turbinen (im Tal) und erzeugt so elektrischen Strom.

4.1 Herstellung von Säuren (Pharmakant/-in)

Was machen eigentlich Pharmakanten/ Pharmakantinnen?

Pharmakanten/Pharmakantinnen arbeiten in der pharmazeutischen Industrie oder in großen Chemieunternehmen. Sie stellen Arzneimittel aus unterschiedlichen Chemikalien und Stoffen in verschiedenen Formen (z. B. als Tabletten, Pulver oder Salben) her. Neben der Produktion von Medikamenten analysieren und bewerten sie bereits hergestellte Medikamente mithilfe verschiedenster Maschinen, Techniken und naturwissenschaftlicher Methoden. Pharmakanten/Pharmakantinnen benötigen naturwissenschaftliches und medizinisches Hintergrundwissen, um mögliche Nebenwirkungen von Arzneien bewerten zu können.

1. Simon lernt in der Berufsschule verschiedene Säuren und ihre Unterschiede kennen.

a) Nenne die allgemeinen Eigenschaften von Säuren.

b) Notiere die Summen- und Strukturformeln der folgenden Säuren: *Salzsäure, Schwefelsäure, Kohlensäure, schweflige Säure, Phosphorsäure, Salpetersäure, Flusssäure und Essigsäure.*

c) Erkläre den Begriff pH-Wert und beschreibe ihn für Säuren genauer.

2. In der Ausbildung lernt Simon Säuren herzustellen. Hierbei gibt es Unterschiede beim Verfahren und beim Schwierigkeitsgrad allgemein. Wichtige Faktoren sind die Temperatur und der Druck sowie die Konzentrationen und die Eigenschaften der nötigen Stoffe.

a) Vervollständige folgende Grundregel:

Nichtmetall + Sauerstoff	$\longrightarrow$
Nichtmetalloxid +	$\longrightarrow$

b) Notiere, nach der Grundregel, die Wort- und Reaktionsgleichungen zur Herstellung von Kohlensäure und schwefliger Säure.

c) Auf Wasserflaschen ist oft dieser Satz abgebildet: *„Mit Kohlensäure versetzt"*. Säure zu trinken ist doch gefährlich! Erkläre, was in diesem Fall damit gemeint ist.

3. In der Berufsschule führt Simons Lehrer einen Versuch zur Schwefelsäure unter dem Abzug durch. Dazu gibt er in ein Becherglas etwas Puderzucker und gießt darauf ein bisschen konzentrierte Schwefelsäure. Nach einigen Sekunden fängt die Mischung an zu rauchen und ein schwarzer „Turm" bildet sich im Becherglas.

a) Die Schwefelsäure besitzt als einzige Säure die Eigenschaft, dass sie **hygroskopisch** ist. Erkläre diese Eigenschaft mithilfe dieses Versuchs.

b) Notiere die Wortgleichung zu dieser Reaktion.

Julien Bettner: Chemie berufsbezogen 7/10 © Auer Verlag

4.2 Natronlauge (Bäcker/-in)

Was machen eigentlich Bäcker/-innen?

Bäcker/-innen sind Handwerker, die bereits nachts arbeiten. Sie stellen Teigwaren wie Brötchen, Brote, Kuchen und Torten her. Bäcker/-innen benötigen dazu Kreativität und müssen die verwendeten Rohstoffe sowie die dazugehörigen biologischen Prozesse verstehen. Nur so können sie gute Teige und damit hochwertige Produkte herstellen und gewährleisten.

1. Die Brezel ist eines der beliebtesten Gebäcke in Deutschland. Die geschwungene Form, ihre bräunliche Farbe und der charakteristische Geschmack machen sie zu etwas Besonderem. Nina lernt in ihrer Ausbildung die Hintergründe dazu.

   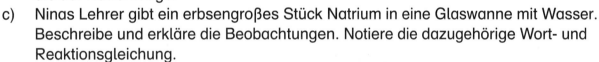

   a) Die Brezel ist ein klassisches Laugengebäck. Erkläre diesen Fachbegriff.

   b) Bei den Säuren sind die Protonen (H⁺) für die saure Eigenschaft verantwortlich. Gib an, welche Teilchen die Eigenschaft von Laugen bestimmen, insbesondere die der Natronlauge.

   c) Ninas Lehrer gibt ein erbsengroßes Stück Natrium in eine Glaswanne mit Wasser. Beschreibe und erkläre die Beobachtungen. Notiere die dazugehörige Wort- und Reaktionsgleichung.

2. Auch die Brezeln in Ninas Ausbildungsbetrieb werden vor dem Backen mit Natronlauge bestrichen und anschließend in den Ofen gegeben. Dort laufen dann biologische und chemische Prozesse ab, die die Farbe und den Geschmack der Brezeln bestimmen.

   a) Beschreibe zuerst den chemischen Prozess. Erläutere, was mit der Natronlauge im Ofen passiert. Notiere anschließend die dazugehörige Wort- und Reaktionsgleichung.

   b) Damit der chemische Prozess ablaufen kann, wird eine bestimmte Zutat im Teig benötigt. Nur mithilfe dieses biologischen Vorgangs kann der chemische Prozess ablaufen. Erläutere den biologischen Prozess.

3. Beim Lehrerversuch in Aufgabe 1c) entsteht (in kleinen Mengen) Natronlauge. In der Industrie wird (daher) ein anderer Prozess genutzt, um größere Mengen Natronlauge zu gewinnen. Nenne, beschreibe und zeichne diesen Vorgang.
   (<u>Tipp:</u> Für dieses Verfahren benötigt man elektrischen Strom.)

Julien Bettner: Chemie berufsbezogen 7/10
© Auer Verlag

4.3 Wasserstoffperoxid (Friseur/-in)

Was machen eigentlich Friseure/Friseurinnen?

Friseure/Friseurinnen beraten zunächst ihre Kunden zur geplanten Frisur. Dem folgt das Waschen, Schneiden, Pflegen oder Färben der Haare. Dabei müssen sie nicht nur mit den eigenen Haaren der Kunden arbeiten, sondern können ihnen auch Haarverlängerungen oder Perücken anlegen und diese pflegen und frisieren. Hierfür und für den Bereich Kosmetik benötigen sie auch chemisches und mathematisches Wissen, beispielsweise beim Zubereiten von Färbemitteln.

1. Janik färbt die Haare einer Kundin mit Wasserstoffperoxid. Dies ist keine zu unterschätzende Chemikalie. Sie hat eine ähnliche Summenformel wie Wasser, besitzt aber andere, gefährlichere Eigenschaften als dieses.

   a) Schreibe die Summen- und Strukturformel von Wasserstoffperoxid auf.

   b) Beschreibe kurz die Eigenschaften von Wasserstoffperoxid.

   c) Die Eigenschaften von Wasserstoffperoxid können gefährlich sein. Kreuze an, welche der folgenden Symbole bzw. Hinweise auf dem Gefäß angegeben sind. Erkläre sie anschließend mithilfe der Stoffeigenschaften.

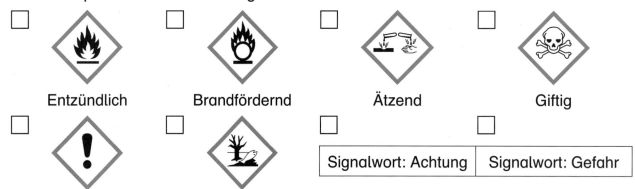

2. Angelina möchte sich die Haare blondieren lassen. Dazu geht sie zu der Friseurin ihres Vertrauens. Bei der Zubereitung des Haarfärbemittels und beim Auftragen auf die Haare hat ihre Friseurin dauerhaft Handschuhe an. Angelina macht sich deshalb Sorgen um ihre Haare, dass etwas nicht stimmen könnte.

   a) Erkläre, warum die Friseurin während des Blondierens Handschuhe trägt.

   b) Bevor Wasserstoffperoxid dazugegeben wird, werden zunächst verschiedene Laugen ins Haar gegeben. Begründe, weshalb man diese benötigt und warum dies für wen gefährlich ist.

   c) Beschreibe, was mit den Pigmenten im Haar bei der Zugabe von Wasserstoffperoxid geschieht. Notiere die Reaktionsgleichung.

Julien Bettner: Chemie berufsbezogen 7/10
© Auer Verlag

Säuren und Laugen

4.4 Ammoniak (Physikalisch-technische/-r Assistent/-in)

Was machen eigentlich Physikalisch-technische Assistenten/Assistentinnen?

Physikalisch-technische Assistenten/Assistentinnen (PhyTA) arbeiten in Laboratorien (und assistieren so Professoren) oder in der Industrie. Sie arbeiten mit bei der Entwicklung neuer physikalisch-technischer Verfahren oder helfen bei der Verbesserung bereits bestehender Verfahren. PhyTAs führen eigenständig Experimente, physikalische Messungen oder kleine Verfahren durch, protokollieren diese Ergebnisse und werten sie zusammen mit Physikern aus. Sie arbeiten dabei mit Maschinen und Geräten, die helfen, kleine bzw. unscheinbare Dinge sichtbar zu machen oder neue Erkenntnisse zu beweisen.

1. Okan hilft bei der Untersuchung von Ammoniak. Das ist eine Chemikalie, die immer wieder vorkommt: beim Blondieren im Friseursalon, im Garten bei Pflanzen, „streifenfreies" Putzmittel, Zersetzungsprozessen und in tierischen Exkrementen. Es hat jedoch auch einige gefährliche Eigenschaften, die Okan hier beachten muss.

a) Notiere die Summen- und Strukturformel von Ammoniak.

b) Beschreibe die Eigenschaften von Ammoniak.

c) Kreuze die gefährlichen Eigenschaften an, die daher mit Gefahrensymbolen auf dem Gefäß vermerkt sind. Erkläre und beschreibe sie.

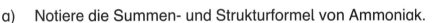

d) Ammoniak ist eine Lauge. Für die alkalische Eigenschaft von Laugen sind Hydroxidionen (OH⁻) zuständig. Die Summenformel zeigt jedoch keine Hydroxidionen. Beschreibe, wie die alkalische Eigenschaft entsteht. Notiere dazu die Wort- und Reaktionsgleichung.

Julien Bettner: Chemie berufsbezogen 7/10
© Auer Verlag

2. Okans Bruder liegt seit Tagen mit einer Erkältung und Fieber krank im Bett. Neben Hustensaft, nimmt er Salmiakpastillen. Diese wirken schleimlösend im Bereich der Atemwege. Okan recherchiert, was Salmiak eigentlich ist.

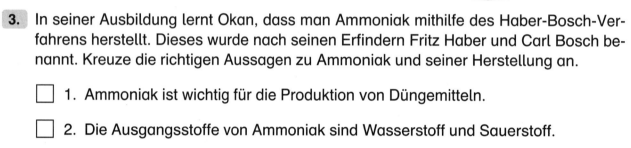

a) Benenne die chemische Verbindung von Salmiak.

b) Beschreibe, wie Salmiak entsteht und wofür dieser Prozess genutzt wird. Notiere die dazugehörigen Wort- und Reaktionsgleichungen.

c) Beschreibe, wie man Salmiak nachweisen kann. Notiere die Wort- und Reaktionsgleichungen dazu.

3. In seiner Ausbildung lernt Okan, dass man Ammoniak mithilfe des Haber-Bosch-Verfahrens herstellt. Dieses wurde nach seinen Erfindern Fritz Haber und Carl Bosch benannt. Kreuze die richtigen Aussagen zu Ammoniak und seiner Herstellung an.

☐ 1. Ammoniak ist wichtig für die Produktion von Düngemitteln.

☐ 2. Die Ausgangsstoffe von Ammoniak sind Wasserstoff und Sauerstoff.

☐ 3. Beim Haber-Bosch-Verfahren benötigt man einen niedrigen Druck und hohe Temperaturen.

☐ 4. Ammoniak ist für den menschlichen Körper wichtig und wird durch Flüssigkeiten aufgenommen.

☐ 5. Die Ausgangsstoffe von Ammoniak sind Stickstoff und Wasserstoff.

☐ 6. Bei der Reaktion von Stickstoff und Wasserstoff muss Energie hinzugefügt werden, da es eine endotherme Reaktion ist.

☐ 7. Damit die niedrige Temperatur und der hohe Druck gewährleistet werden können, wird beim Haber-Bosch-Verfahren ein Katalysator (hier: Metalloxide) verwendet.

☐ 8. Die Synthese von Ammoniak hängt von niedrigen Temperaturen und einem hohen Druck ab.

☐ 9. Der benötigte Stickstoff wird aus der Luft entnommen.

☐ 10. Der benötigte Wasserstoff wird aus der Luft entnommen.

☐ 11. Pflanzen benötigen Stickstoff und nehmen ihn durch Ammoniumsalze zu sich.

☐ 12. Bei der Reaktion von Stickstoff und Wasserstoff wird Energie frei, da dies eine exotherme Reaktion ist.

Julien Bettner: Chemie berufsbezogen 7/10
© Auer Verlag

5.1 Alkoholische Gärung (Winzer/-in)

Was machen eigentlich Winzer/-innen?

Winzer/-innen beschäftigen sich mit dem Anbau von Weintrauben und deren anschließenden Verarbeitung, u. a. der Produktion von Wein. Sie benötigen dazu biologisches Wissen zu Böden, Witterungsverhältnissen und Reifungsprozessen. Die Verarbeitung der Weinreben erfordert chemische Kenntnisse. Sie überwachen und steuern den Gärungsprozess der Trauben und ermöglichen so eine hohe Weinqualität. Weitere Aufgaben sind das Verpacken und die Vermarktung des Weines.

1. Dominik verarbeitet als angehender Winzer die Ausgangsstoffe mithilfe der alkoholischen Gärung so, dass Wein entstehen kann.

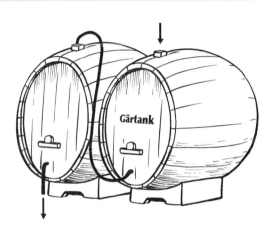

a) Erkläre, was die alkoholische Gärung ist.

b) Alkohol gibt es in verschiedenen Formen. Benenne den Trinkalkohol sowie seine Summen- und Strukturformel.

c) Gib an, welche einzelligen Organismen bei der Weinproduktion hinzugegeben werden.
(Hinweis: Man kann sie (zum Backen) in jedem Supermarkt kaufen.)

2. Während seiner Ausbildung lernt Dominik alle wichtigen Details zur alkoholischen Gärung.

a) Notiere die Wortgleichung für die allgemeine, alkoholische Gärung.

b) Erläutere den Vorgang der Glykolyse, ein Teil der alkoholischen Gärung.

c) Der folgende Lückentext beschreibt die weiteren Schritte der alkoholischen Gärung. Ergänze ihn mit diesen Begriffen: *Acetaldehyd, Ethanol, Glucose, Kohlenstoffdioxid, Pyruvat.*

Nachdem der Zucker, auch _____ genannt, zu _____

abgebaut wurde, spaltet sich _____ ab, welches ein

Produkt der alkoholischen Gärung ist. Das durch die Abspaltung entstandene

_____ reagiert mit dem körpereigenen Enzym, NADH/H⁺, weiter

zu _____, dem Trinkalkohol in alkoholischen Getränken.

3. In der Berufsschule beschäftigt sich Dominik mit der Schönung von Wein und dem Reinheitsgebot.

a) Erkläre, was man unter der Schönung von Wein versteht.

b) Seit über 500 Jahren gibt es in Deutschland das Reinheitsgebot. Erkläre, was es besagt.

Julien Bettner: Chemie berufsbezogen 7/10
© Auer Verlag

5.2 Methanol/Ethanol (Brauer/-in und Mälzer/-in)

Was machen eigentlich Brauer/-innen und Mälzer/-innen?

Brauer/-innen und Mälzer/-innen sind für die Produktion von Bier, Biermischgetränken und alkoholfreien Erfrischungsgetränken verantwortlich. Hierbei muss, je nach Auftrag, auch das deutsche Reinheitsgebot beachtet werden. Das Brauen selbst ist ein längerer Prozess mit mehreren Zwischenschritten, die die Brauer/-innen und Mälzer/-innen kontrollieren und steuern. Dabei bedienen sie größere computergesteuerte Maschinen. Abschließend wird das Getränk in Gefäße abgefüllt. Für die Qualitätskontrolle werden chemische und mathematische Kenntnisse benötigt.

1. Methanol und Ethanol sind Alkohole. Janina erfährt in der Berufsschule mehr zu ihren Gemeinsamkeiten und Unterschieden. So haben sie zwar die gleiche funktionelle Gruppe, aber unterschiedlich viele Kohlenstoffatome.

a) Notiere die Summen- und Strukturformeln beider Alkohole.

b) Erkläre, was eine funktionelle Gruppe ist und beschreibe, aus welchen Elementen diese bei Ethanol und Methanol aufgebaut ist.

c) Nenne drei weitere funktionelle Gruppen und Beispiele dazu.

2. Janina führt in der Berufsschule mehrere Versuche durch. Sie erkennt: Methanol und Ethanol lassen sich beide gut in Wasser und anderen Lösungsmitteln mischen. Wasser und Lösungsmittel hingegen mischen sich nicht.

a) Erkläre die Begriffe „hydrophil" und „hydrophob".

b) Beschreibe mithilfe dieser Eigenschaften, warum sich Methanol und Ethanol gut in Wasser und anderen Lösungsmitteln mischen.

c) Janinas Lehrer mischt 50 ml Wasser mit 50 ml Ethanol. Die Schüler vermuten als Ergebnis eine Lösung mit einem Volumen von 100 ml. Doch im Standzylinder misst das Gemisch 96 ml. Erkläre, warum das abgelesene Ergebnis korrekt ist. Erstelle dazu auch eine Skizze des Teilchenmodells.

3. In ihrem Ausbildungsbetrieb stellt Janina Ethanol, auch Trinkalkohol genannt, her. Dieser entsteht durch alkoholische Gärung. Die alkoholische Gärung erzielt eine maximale Alkoholkonzentration von 15%. Lukas macht die Ausbildung zur Fachkraft für Brennereiwesen und erzählt in einer Pause an der Berufsschule, dass die Schnäpse und Spirituosen, die er herstellt, Konzentrationen von 20%, über 40% oder sogar 80%. enthalten.

a) Erkläre, wie solch hohe Alkoholkonzentrationen erzeugt werden.

b) Wenn Privatpersonen (ohne Lizenz) ihren eigenen Alkohol herstellen, besitzen sie oft keine größeren Maschinen oder Computer und können so die Qualität ihrer Gtränke nur bedingt kontrollieren. Daher kann es gefährlich sein, diese Produkte zu konsumieren. Beschreibe und erkläre diese Gefahren.

Julien Bettner: Chemie berufsbezogen 7/10
© Auer Verlag

Alkohole, organische Säuren und Seifen

5.3 Seifen (Kosmetiker/-in)

Was machen eigentlich Kosmetiker/-innen?

Kosmetiker/-innen führen Körper- und Schönheits-pflege an Kunden durch. Dabei reinigen sie die Haut, formen Fuß- und Fingernägel und arbeiten mit diversen Kosmetik- und Pflegeprodukten wie beispielsweise Seifen und Cremes. Eine weitere Tätigkeit ist das Anlegen von Gesichtsmasken oder Make-up-Produkten, um ihre Kunden für verschiedene Feste und Veranstaltungen vorzubereiten. Kosmetiker/-innen arbeiten nicht nur in Kosmetikstudios und Wellnessoasen, sondern kooperieren auch mit Hautärzten und können Teil eines Hautärzteteams sein. Sie benötigen chemisches und biologisch-medizinisches Wissen, um unvorhergesehene Reaktionen zu vermeiden und so eine optimale Beratung von Kunden und Ärzten zu gewährleisten.

1. Anisas Kunden schätzen ihre gut riechenden Seifen und ihre hautverträgliche Wirkung. Je nach Kunde und Hauttyp nutzt sie eine andere Sorte.

a) Beschreibe, wie Seifen hergestellt werden.

b) Nenne Beispiele für Seifen und erkläre, wie sie sich bei der Herstellung unterscheiden.

c) Notiere die allgemeine Wortgleichung der Seifenherstellung.

2. Seifen haben eine ähnliche Wirkung wie Waschmittel: Sie lösen Schmutz aus Kleidung, der menschlichen Haut und anderen Oberflächen. Anisa lernt in der Berufsschule mehr zu diesem Effekt.

a) Das folgende Bild zeigt eine Substanz. Zeichne sie ab, benenne sie und beschreibe ihren Aufbau.

lipophil

hydrophil

b) Zeichne die passenden Strukturformeln in die zwei Bestandteile der Substanz ein. (Tipp: Erinnere dich an die Bedeutungen der Begriffe „lipophil" und „hydrophil".)

c) Anisas Berufsschullehrer zeigt diesen Versuch: Er legt vorsichtig eine Büroklammer auf eine Wasseroberfläche, sodass sie schwimmt. Anschließend fügt er etwas Seife hinzu. Beschreibe und erkläre, was die Auszubildenden beobachten können.

d) Anisa führt im Schullabor selbst Versuche durch. Sie lässt Öl in/auf Wasser schwimmen. Anschließend gibt sie einige Tropfen Seife hinzu und beobachtet eine Veränderung. Beschreibe und erkläre, was sie beobachten kann. Zeichne die Ergebnisse hier ein und erstelle eine Skizze für deine Erklärung.

(1) Öl schwimmt in/auf Wasser	(2) Lösung mit Seife	(3) Erklärung

Alkohole, organische Säuren und Seifen

Julien Bettner: Chemie berufsbezogen 7/10
© Auer Verlag

Was machen eigentlich Lebensmittelchemiker/-innen?

Lebensmittelchemiker/-innen arbeiten in Laboratorien für Gesundheits- und Umweltämter und helfen in der Lebensmittelindustrie neue und bessere Lebensmittel herzustellen. Dazu untersuchen sie die Qualität und die Inhaltsstoffe der Endprodukte und Rohstoffe. Sie arbeiten mit Lebensmitteltechnikern oder großen Unternehmen zusammen, weshalb sie ihre Untersuchungen genau protokollieren und auswerten müssen. Für diese Arbeit sind biologische und vor allem chemische Grundkenntnisse nötig, da viele Untersuchungen mit chemischen Methoden durchgeführt werden.

1. Luise hat schon vor ihrer Ausbildung zur Lebensmittelchemikerin in Werbungen viel von gesättigten und ungesättigten Fettsäuren gehört und dass diese besonders wichtig für unseren Körper seien. In der Berufsschule erfährt sie, was Fettsäuren sind und wie sie sich unterscheiden.

a) Benenne, aus welchen beiden Molekülgruppen Fettsäuren bestehen.

b) Zeichne die Strukturformeln dieser zwei Fettsäuren: *Palmitinsäure* ($C_{15}H_{31}COOH$) und *Laurinsäure* ($C_{11}H_{23}COOH$).

c) Beschreibe, worin sich gesättigte von ungesättigten Fettsäuren unterscheiden. Zeichne hierzu die Strukturformeln von Buttersäure (C_3H_7COOH) und Ölsäure ($C_{17}H_{33}COOH$).

2. Luises Berufsschullehrer erklärt auch, in welchen Lebensmitteln diese Fettsäuren vorkommen und welche Vor- und Nachteile sie haben.

a) Nenne Beispiele für Lebensmittel, in denen gesättigte und ungesättigte Fettsäuren vorkommen.

b) Begründe, warum die Aufnahme von ungesättigten Fettsäuren besonders wichtig ist.

c) Beschreibe die Vor- und Nachteile der beiden Arten von Fettsäuren.

3. Abschließend lernen die Berufsschüler, wie sie im Berufsalltag diese Fettsäuren unterscheiden und nachweisen können.
Nenne die Nachweismethode für ungesättigte Fettsäuren und erkläre, welche farblichen Unterschiede sichtbar werden.

Julien Bettner: Chemie berufsbezogen 7/10
© Auer Verlag

5.5 Fete und Farben (Lacklaborant/-in)

Was machen eigentlich Lacklaboranten/Lacklaborantinnen?

Lacklaboranten/Lacklaborantinnen stellen Farben und Lacke her. Sie führen Versuche durch und untersuchen bzw. kontrollieren so Eigenschaften und Verhalten von Farben und Lacken gegenüber verschiedenen Untergründen wie Holz, Kunststoffe oder Metall. Mithilfe dieser Versuche und Kontrollen entstehen neue Produkte und bereits bestehende Produkte werden verbessert. Lacklaboranten/Lacklaborantinnen protokollieren daher alle Ergebnisse und werten sie aus. In Arbeitsgruppen werden die Ergebnisse analysiert und mit den Kunden (= größere Firmen) bearbeitet.

1. Benjamin lernt in der Berufsschule auch Geschichtliches zum Thema „Lacke und Farben". Früher waren Fette ein Grundstoff beim Mischen und Herstellen von Farben.

a) Gib an, aus welchen Stoffen Fette entstehen.

b) Beschreibe, welche funktionellen Gruppen sich bei der Bildung von Fetten verbinden und welche neue Gruppe dabei entsteht.

c) Notiere die Reaktionsgleichung am Beispiel der Buttersäure (C_3H_7COOH) (= Butansäure). Zeichne darunter die dazugehörigen Strukturformeln. Hebe die funktionellen Gruppen farblich hervor.

d) Am Aufbau der Fette sind die gesättigten und ungesättigten Fettsäuren beteiligt. Beschreibe, wie diese Fettsäuren die Einteilung der Fette nach ihrem Aggregatzustand beeinflussen.

e) Nenne einige Eigenschaften von Fetten.

2. Benjamins Mutter ist schon seit Jahren leidenschaftliche Künstlerin. Sie hat bereits viele Gemälde erstellt. Benjamin schaut sich für das Thema „Lacke und Farben" in der Berufsschule das Atelier seiner Mutter genauer an. Er entdeckt, dass auf den offenen Ölfarben eine dünne „Haut" entstanden ist. Benjamin kann sich an die Zusammensetzung von Ölfarben nicht genau erinnern.

a) Beschreibe, wie Ölfarben zusammengesetzt sind.

b) Unterscheide bei der Zusammensetzung von Ölfarben zwischen natürlichen und synthetischen Ölen. Nenne passende Beispiele.

c) Erkläre in einfachen Worten, was bei der Härtung von Ölfarben und somit mit den Farben von Benjamins Mutter passiert.

Julien Bettner: Chemie berufsbezogen 7/10
© Auer Verlag

5.6 Aufbau und Zusammensetzung moderner Waschmittel (Biologisch-technische/-r Assistent/-in)

Was machen eigentlich Biologisch-technische Assistenten/Assistenteninnen?

Biologisch-technische Assistenten/Assistentinnen können in verschiedenen Bereichen arbeiten: Medizin, Botanik, Zoologie, Zytologie oder auch Biochemie. In allen Bereichen führen sie Versuche und Experimente durch, protokollieren und werten diese aus, u. a. mithilfe von Berechnungen. Währenddessen arbeiten sie mit Forschern, Ingenieuren und Wissenschaftlern zusammen. Sie prüfen dabei verschiedene Chemikalien und ihre Auswirkungen auf verschiedene Organismen.

1. Marina analysiert im Labor die Zusammensetzung von verschiedenen Waschmitteln. Sie haben die Aufgabe, unsere Kleidung von Schmutz und Bakterien zu reinigen. Meistens enthalten sie die gleichen Bestandteile, je nach Mittel unterscheidet sich aber Konzentration der dieser Komponenten.

a) Nenne die wichtigen Inhaltsstoffe von Waschmitteln.

b) Ein wichtiger Inhaltsstoff sind die Tenside. Erkläre und zeichne, wie diese aufgebaut sind.

c) Beschreibe den Unterschied zwischen anionischen und kationischen Tensiden.

d) Schmutzflecken, beispielsweise auf der Kleidung, werden mithilfe von Tensiden entfernt. Erkläre kurz und zeichne, wie dies funktioniert.

2. In Marinas Ort beziehen die Menschen über das Versorgungsnetz hartes Wasser. Sie entscheidet sich beim Wocheneinkauf daher für Waschmittel, die sogenannte Wasserenthärter enthalten.

a) Erkläre, was der Begriff „hartes Wasser" bedeutet.

b) Benenne, welcher Stoff die (Größe der) Wasserhärte verursacht. Notiere den Namen und die Summenformel dieses Stoffes. Beschreibe die möglichen Folgen.

c) Beschreibe, was Wasserenthärter bewirken und warum man sie einsetzt.

Julien Bettner: Chemie berufsbezogen 7/10
© Auer Verlag

5.6 Aufbau und Zusammensetzung moderner Waschmittel (Biologisch-technische/-r Assistent/-in)

3. Für eine Präsentation in der Berufsschule erstellt Marina einen Text über die Zusammensetzung von Waschmitteln. Ergänze den Lückentext mithilfe der folgenden Begriffe.

Lückenworte: *60, Bleichmittel, Duft-, Eiweiße, entfärbt, Entschäumer, Enzyme, Farbflecken, Fette, Kernseife, Stärke, temperaturabhängig, Zusatzstoffe*

Neben Tensiden und Wasserenthärtern enthalten Waschmittel _____.

Diese entfernen _____, indem sie _____

werden. Weitere Bestandteile sind verschiedene _____. Diese entfernen

verschiedene Stoffgruppen aus Essensresten, z. B. _____,

_____ und _____. Allerdings sind die verschiedenen Enzyme

_____, sodass diese Reaktionen nur bei 30 °C – ____ °C

ablaufen können. Damit beim Waschen nicht zu viel Schaum entsteht, dies würde die

Waschmaschine schädigen, werden _____ (z. B. Silikone und

_____) hinzugefügt. Die enthaltenen _____ und

_____ schonen die Farbe der Textilien und geben der Wäsche

einen frischen Geruch.

4. Enzyme sind Bestandteile von modernen Waschmitteln. Sie haben die wichtige Aufgabe, jeweils eine besondere Art von Schmutz zu lösen. Es gibt vier große Gruppen von Enzymen. Marina recherchiert diese vier Gruppen und ihre jeweilige Aufgabe für ihre Präsentation.

- _____
  _____

- _____
  _____

- _____
  _____

- _____
  _____

Julien Bettner: Chemie berufsbezogen 7/10
© Auer Verlag

Was machen eigentlich Baustoffprüfer/-innen?

Baustoffprüfer/-innen sind für die Untersuchung von Böden, Straßen und Baustoffe zuständig. Sie untersuchen dafür die Böden von Grundstücken, bevor ein neues Gebäude darauf errichtet wird. Aufgrund dieser Untersuchung können sie auf den Baustoff schließen, der für den geplanten Bau notwendig ist. Des Weiteren überprüfen sie Baustoffen, beispielsweise Beton und Asphalt, auf ihre

Eigenschaften, z. B. ihre Hitzebeständigkeit oder Druckfestigkeit. Für die Untersuchung der Proben nutzen sie verschiedene chemische und mechanische Methoden und halten sich dabei an strenge Vorschriften. Baustoffprüfer/-innen arbeiten daher mit Firmen, Städten oder auch einzelnen Haushalten zusammen.

1. Nadja bereitet für die Berufsschule eine Präsentation zum Thema „Erdgas und Erdöl" vor. Dies sind, wie Kohle und Torf, fossile Brennstoffe für die Energiegewinnung.

a) Beschreibe kurz, wie fossile Brennstoffe entstanden sind.
(Tipp: Beziehe dich auf das Wort „fossil".)

b) Kreuze hier die richtigen Aussagen an und korrigiere (unten) die falschen Aussagen.

☐ 1. Grundstoff von fossilen Brennstoffen ist abgestorbener Plankton, der auf dem Meeresboden Schichten bildete und dort von Bakterien vollständig abgebaut wurde. Aufgrund des niedrigen Drucks bildeten sich so Erdöl und Erdgas.

☐ 2. Aus abgestorbenen Tieren und Pflanzen, abgedeckt mit Sand und Ton, bildete sich Faulschlamm.

☐ 3. Erdöl kann von Gesteinsschichten gespeichert werden und wandert durch poröse Schichten weiter nach oben zu eingeschlossenen Lagerstätten.

☐ 4. Kohle, Erdgas und Erdöl können gemeinsam in einer Lagerstätte vorkommen.

☐ 5. Erdöl und Erdgas werden nicht gemeinsam abgebaut, sondern abwechselnd nacheinander aus der gleichen Quelle gefördert.

_____

_____

_____

_____

_____

c) Beschreibe den Unterschied zwischen einer Erdöl- bzw. Erdgasreserve und einer Erdöl- bzw. Erdgasressource.

d) Erkläre und unterscheide, aus was Erdgas und Erdöl bestehen.

Julien Bettner: Chemie berufsbezogen 7/10
© Auer Verlag

2. Nadja lernt in der Berufsschule, wofür und in welchen Produkten Erdöl und Erdgas verwendet werden.

a) Gib an, wofür Erdgas verwendet wird.

b) Gib an, wofür Erdöl verwendet wird.

c) Kreuze an, welche der hier abgebildeten Gegenstände auch aus Erdöl hergestellt werden.

d) Prüfe deinen Antwortteil b) und ändere ihn, wenn nötig.

3. Erdöl und Erdgas sind Stoffgemische. Nadja lernt auch, dass und wie diese getrennt werden, damit die jeweils benötigten Komponenten verwendet werden können.

a) Benenne die Anlagen, die Erdöl trennen.

b) Benenne den Vorgang, bei dem Erdöl getrennt wird.

c) Gib an, welche Komponenten sich bei welchen Temperaturen aus dem Erdölgemisch heraus trennen lassen. Beginne bei der niedrigsten Temperatur.

d) Gib an, für was die einzelnen Komponenten genutzt werden.

6.2 Cracken von Erdöl (Chemisch-technische/-r Assistent/-in)

Was machen eigentlich Chemisch-technische Assistenten/Assistentinnen?

Chemisch-technische Assistenten/Assistentinnen entnehmen Proben aus Industrieanlagen, der Umwelt oder Klärwerken und untersuchen diese auf Eigenschaften sowie bestimmte Werte. Diese Untersuchung erfolgt meist in mehreren aufwendigen Kleinschritten, um alle Ergebnisse und Eigenschaften zu ermitteln. Die Untersuchungen erfolgen durch chemische Methoden oder technischer Geräte. Sie sichern die Ergebnisse durch detaillierte Protokolle, die später mit Professoren, Ingenieuren oder Umweltanalytikern analysiert werden.

1. Tamir lernt in der Berufsschule Hintergrundwissen zum Thema „Kohlenwasserstoffe", damit er den Vorgang des Crackens versteht.

a) Gib an, welche Formen von Kohlenwasserstoffen es gibt.

b) Benenne die homologe Reihe der Kohlenwasserstoffe (Alkane) mit Namen und Summenformel bis zum Tetradecan ($C_{14}H_{30}$).

c) Betrachte die Ergebnisse der Teilaufgabe b) genau. Nenne die allgemeine Summenformel für unverzweigte Kohlenwasserstoffe (Alkane).

d) Nenne den Unterschied zwischen gesättigten und ungesättigten Kohlenwasserstoffen. Zeichne als Beispiele die Strukturformeln von Ethan, Ethen und Ethin. Ergänze jeweils die Summenformel.

2. Tamir macht seine Ausbildung in einer Raffinerie. Hier lernt er viel über den Crackvorgang und die verschiedenen Möglichkeiten.

a) Beschreibe, was beim Vorgang des Crackens geschieht und warum man dieses Verfahren so wichtig ist.

b) Erkläre den Unterschied zwischen dem thermischen Cracken und dem katalytischen Cracken.

c) Die hier stehenden Reaktionen sind beim Cracken möglich. Zeichne zu jeder Wortgleichung die dazugehörigen Summen- und Strukturformeln der einzelnen Kohlenwasserstoffe.

Öl lagert vor der Bearbeitung in Öltanks.

1. Hexadecan $\longrightarrow$ Octan + Heptan + Kohlenstoff

2. Octadecan $\longrightarrow$ Heptan + Hexan + Pentin

3. Tetradecan $\longrightarrow$ 2 mol Hexan + Ethin

4. Decan $\longrightarrow$ Heptan + Ethin + Methan

Julien Bettner: Chemie berufsbezogen 7/10
© Auer Verlag

6.3 Herstellung von Kunststoffen (Kunststoff- und Kautschuktechniker/-in)

Was machen eigentlich Kunststoff- und Kautschuktechniker/-innen?

Kunststoff- und Kautschuktechniker/-innen verarbeiten, erstellen oder entwickeln Arten von Kunststoffen und Kautschuk. Sie sind bei der Produktion von verschiedenen Gegenständen dabei, beispielsweise Bauteile, größere Verkleidungen für Maschinen oder auch kleinere Alltagsgegenstände. Kunststoff- und Kautschuktechniker/-innen organisieren je nach Kunststoffart die Rohstoffe und planen deren Verarbeitung und Produkte. Die Produktion erfolgt in großen Maschinen, die möglichst viele Produkte herstellen. Um diese Maschinen und Geräte zu verstehen, benötigen Kunststoff- und Kautschuktechniker/-innen physikalische und chemisch-technische Kenntnisse.

1. Justus erfährt in der Berufsschule von seinem Chemielehrer, dass die Smartphone-Hülle ähnlich aufgebaut ist wie ein Schwamm.

a) Benenne den Grundstoff, aus dem alle Kunststoffe hergestellt werden.

b) Kunststoffe werden in drei Klassen eingeteilt. Nenne die Namen, Eigenschaften bei Wärmezufuhr und Verformung sowie Beispiele dieser Kunststoffklassen.

c) Kunststoffe sind lange Kohlenwasserstoffketten. Beschreibe und zeichne, wie diese Ketten, in den drei Kunststoffklassen, jeweils miteinander verzweigt sind. Erkläre, warum sie die in Teilaufgabe b) genannten Eigenschaften haben.
(<u>Tipp:</u> Zeichne keine Elementsymbole. Hier reichen Kugeln als Symbole.)

2. Justus informiert sich für eine Präsentation über Kunststoffe. Er liest:
„Kunststoffe entstehen aus sogenannten Monomeren. Dies sind kleinere Moleküle, z. B. Ethan. Mehrere Monomere bilden Polymere, also lange Kettenmoleküle."

a) Benenne diese chemische Reaktion.

b) Polyethylen (PE) ist der weltweit meist verbrauchte Kunststoff. Er entsteht durch die Reaktion vieler Ethen-Monomere. Notiere diese Reaktionsgleichung und zeichne die dazugehörigen Strukturformeln.

c) PET (= Polyethylenterephthalat) ist ein Kunststoff, aus dem Getränkeflaschen und Verpackungen hergestellt werden. Es ist ein sogenannter Polyester. Gib an, aus welchen Stoffen es hergestellt wird.

d) Beschreibe, wie Ester entsteht. Zeichne die dazugehörige Reaktionsgleichung mit Strukturformeln.

e) Benenne die Reaktion, bei der Polyester entstehen.

3. In seinem Ausbildungsbetrieb ist Justus für die Herstellung verschiedener Kunststoffe verantwortlich, die oft im Alltag genutzt werden.

a) Gib an, welche Vor- und Nachteile Kunststoffe haben.

b) Nenne Methoden, mit denen Kunststoffe recycelt werden können.

Julien Bettner: Chemie berufsbezogen 7/10
© Auer Verlag

6.4 Treibhausgas (Umweltanalytiker/-in)

Was machen eigentlich Umweltanalytiker/-innen?

Umweltanalytiker/-innen prüfen mithilfe von biologischen sowie chemischen Untersuchungen, ob und wie stark Ökosysteme und deren Flora und Fauna mit Schadstoffen (z. B. Arzneimitteln, Schwermetallen oder toxischen Stoffen) belastet sind. Dabei überprüfen sie die Befunde mit regionalen und glo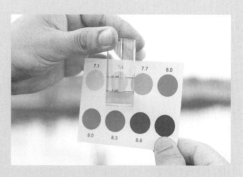balen Vergleichswerten und werten ihre Ergebnisse statistisch aus. Für die Erhebung der Daten werden verschiedene Messmethoden genutzt. Wichtige Themen sind die Wasseraufbereitung, der Klimawandel und der Treibhauseffekt. Hierfür arbeiten Umweltanalytiker/-innen mit Forschern und Ingenieuren zusammen und benötigen naturwissenschaftliche Kenntnisse.

1. Miriam lernt in der Berufsschule viel zum sogenannten Treibhauseffekt und das daraus resultierende Problem des Klimawandels. Wichtig hierfür ist Zusammensetzung der Luft.

a) Zeichne ein Kreisdiagramm mit den vier wichtigsten Bestandteilen der Luft und beschrifte die Anteile.

b) Notiere zu jedem dieser vier Bestandteile eine wichtige Eigenschaft bzw. Nutzungsart.

2. Miriam muss ein Referat zum Treibhauseffekt zur folgenden Aussage halten:
„Der Treibhauseffekt wirkt sich negativ auf unser Klima aus."

a) Erkläre den Unterschied zwischen dem natürlichen und dem anthropogenen Treibhauseffekt.

b) Fertige eine Skizze zum natürlichen Treibhauseffekt an. Zeichne und beschrifte darin diese Bestandteile: *Atmosphäre, Erde, Weltraum, natürlicher Treibhauseffekt, Sonne, Sonnenstrahlen, Treibhausgase, Wärmestrahlen.*

c) Gib an, welche Treibhausgase in unserer Atmosphäre enthalten sind.

d) Kohlenstoffdioxid ist das meist diskutierte Treibhausgas, dabei ist davon in der Luft weniger als 1 % enthalten. Beschreibe, welche gefährliche Eigenschaft Kohlenstoffdioxid hat.

3. Miriams Kollege gibt ihr den Tipp, bei ihrem Referat auch auf das Thema „Luftverschmutzung" einzugehen.
Nenne Beispiele und Folgen der Luftverschmutzung sowie mögliche Maßnahmen, mit denen Luftverschmutzung vermieden werden kann.

Julien Bettner: Chemie berufsbezogen 7/10
© Auer Verlag

Fossile Rohstoffe

6.5 Biotreibstoff (Landwirtschaftlich-technische/-r Assistent/-in)

Was machen eigentlich Landwirtschaftlich-technische Assistenten/Assistentinnen?

Landwirtschaftlich-technische Assistenten/Assistentinnen arbeiten unter Leitung von führenden Biologen und Professoren in Laboren. Sie führen Untersuchungen durch und werten diese anschließend aus. Diese Untersuchungen betreffen verschiedene Bereiche: Tier- und Pflanzenhaltung, Lebensmittelindustrie und Umweltanalytik. Für  diesen Beruf brauchen sie mathematische, biologische, chemische, biochemische und physikalische Kenntnissen, um die Labormethoden fachlich korrekt anwenden zu können. Ebenso erstellen sie die Protokolle und Dokumentationen der Laborversuche.

1. Adnan ist angehender landwirtschaftlich-technischer Assistent. Sein Bruder hat sich bald nach seiner bestandenen Führerscheinprüfung ein Auto gekauft. Als er das erste Mal tanken möchte, fragt er Adnan, welchen Treibstoff er tanken soll/darf. Er kann wählen zischen „normalem" Diesel und „Biodiesel".

a) Erkläre, wie sich der Biotreibstoff vom herkömmlichen (fossilen) Treibstoff unterscheidet.

b) Beschreibe, für was hier die Vorsilbe „Bio" steht.

c) Es gibt Biotreibstoffe der ersten und der zweiten Generation. Beschreibe die Unterschiede sowie welche Biotreibstoffe welcher Generation zugeordnet werden.

2. Auch Biotreibstoff ist umstritten. Daher werden in der Berufsschule die Vor- und Nachteile ausführlich besprochen und diskutiert. Als Hausaufgabe bereitet sich Adnan darauf vor.

a) Sammle Vor- und Nachteile von Biotreibstoff. Wenn nötig, recherchiere (im Internet) nach aktuellen Artikeln, wissenschaftlichen Publikationen sowie chemischen und biologischen Grundlagen zu diesem Thema.

b) Bildet möglichst geradzahlige Kleingruppen und teilt ein, wer Biotreibstoff befürwortet bzw. ablehnt. Diskutiert anschließend dieses Thema mithilfe der gesammelten Argumente. Jedes Gruppenmitglied soll sich aktiv an der Diskussion beteiligen.

c) Alternativ könnt ihr auch eine Klassendiskussion zu diesem Thema durchführen.

3. Adnans Nachbar beschuldigt einen Nachbar, der Viehwirtschaft hat, dass er mit seiner „Methanproduktion" den Klimawandel begünstige. Adnan versucht mithilfe seiner neuen Erkenntnisse den Streit zu schlichten.

a) Benenne, was Methan ist und beschreibe seine Eigenschaften.

b) Erkläre, warum und wie viel Methan welche Landwirte „produzieren".

c) Adnan bringt u.a. das Argument ein, dass inzwischen Methoden gibt, mit denen das Methan sinnvoll genutzt werden kann. Erkläre diese Methode und gib eine Einschätzung ab, ob der hier diskutierte Nachbar auch diese Option nutzen kann.

Julien Bettner: Chemie berufsbezogen 7/10
© Auer Verlag

Lösungen

1.1 Spannungsreihe (Feinpolierer/-in)

1. a) Die Anordnung der Metalle wird Spannungsreihe genannt. Sie zeigt die Bereitschaft der Metalle an, Elektronen aufzunehmen und abzugeben. Sind Metalle unedel (wie z. B. Natrium (Na)), haben sie eine hohe Bereitschaft ihre Elektronen an andere Metalle abzugeben. Sind Metalle edel sinkt ihr Bestreben Elektronen abzugeben (z. B. bei Gold (Au)). Umgekehrt möchten unedle Metalle zunehmend keine Elektronen aufnehmen. Die Bereitschaft der edlen Metalle Elektronen aufzunehmen nimmt hingegen zu. Je weiter die beiden Stoffe auseinanderliegen, desto größer ist die Spannung zwischen ihnen und desto schneller verläuft die Reaktion.

b) unedel ....edel
Ca – Na – Mg – Al – Zn – Pb – Fe – Cu – Ag – Au

c) <u>Oxidation:</u> Elektronenabgabe eines Stoffes
<u>Reduktion:</u> Elektronenaufnahme eines Stoffes

d) Bei einer Redoxreaktion laufen Oxidation und Reduktion parallel ab. Während bei der Oxidation Elektronen abgegeben werden, werden gleichzeitig bei der Reduktion die abgegebenen Elektronen aufgenommen. Man spricht von einem Elektronenübergang. Es ist dabei wichtig zu wissen, wie viele Elektronen ein Stoff aufnimmt oder abgibt.

2. a) Betrachtet man die Spannungsreihe der Metalle, erkennt man, dass Kupfer (Cu) edler als Eisen ist. Das bedeutet, dass das Eisen Elektronen abgibt und somit abgebaut wird. Die abgegebenen Elektronen vom Eisen gehen in die Salzlösung über und werden von den Kupferionen aufgenommen. So bildet sich elementares Kupfer, welches sich auf dem Eisennagel absetzt.

b) Oxidation: $\quad Fe \longrightarrow Fe^{2+} + 2\,e^-$

Reduktion: $\quad Cu^{2+} + 2\,e^- \longrightarrow Cu$

Redoxreaktion: $Fe + Cu^{2+} \longrightarrow Fe^{2+} + Cu$

(Hinweis: Die aufgenommenen und abgegebenen Elektronen gleichen sich aus und werden nicht mehr in die Redoxreaktion mitaufgenommen.)

c) Die Auszubildenden werden keine Reaktion beobachten können, weil die Reaktion immer nur vom unedleren zum edleren Metall ablaufen kann. Hier wird das edlere Metall (Kupfer) keine Elektronen an die Metalllösung (Eisen) abgeben.

1.2 Galvanisches Element (Edelmetallprüfer/-in)

1. a) Die Elektrolyse benötigt elektrischen Strom, um eine chemische Verbindung (z. B. Kupferchlorid $CuCl_2$) zu trennen. Ein galvanisches Element hingegen produziert elektrischen Strom. Es arbeitet mit den verschiedenen Bereitschaften der Stoffe, Elektronen abzugeben und aufzunehmen.

b) Eine Primärzelle kann sich nur einmal „entladen" bzw. elektrischen Strom erzeugen. Ist die Zelle entladen, kann man sie nicht noch einmal „aufladen". Eine Sekundärzelle dagegen kann man nach dem „Entladen", durch eine umgekehrte Stromzufuhr, wieder „aufladen".

c) <u>Primärzelle:</u> z. B. Batterien (Alkalibatterien, Zinkchloridbatterien usw.)
<u>Sekundärzelle:</u> z. B. Akkumulatoren (kurz: Akkus)

2. a) <u>Korrekte Beschriftung:</u>

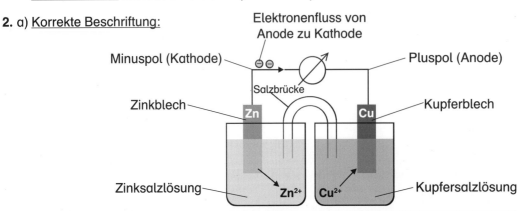

Julien Bettner: Chemie berufsbezogen 7/10
© Auer Verlag

<u>Erklärung:</u> Das Zinkblech bildet im galvanischen Element den Minuspol (Kathode) und das Kupferblech den Pluspol (Anode). Dies wird nach der Reihenfolge in der Spannungsreihe festgelegt. Der unedlere Stoff gibt seine Elektronen ab und bildet somit den Minuspol. Hier wird also das Zinkblech abgebaut und geht als Ionen in die Zinksalzlösung über. Diese Elektronen wandern von der Kathode zum edleren Stoff an der Anode. Der edlere Stoff nimmt die Elektronen auf und bildet so elementares Metall. Hier werden also die Kupferionen aus der Kupfersalzlösung aufgenommen und bilden elementares Kupfer. Je weiter die beiden Metalle in der Spannungsreihe voneinander entfernt sind, desto stärker ist die Spannung und somit auch die Energiequelle.

b) Die Salzbrücke schließt den Stromkreis. Die Ionen (Anionen) wandern von der Anode zur Kathode. Ohne Salzbrücke würden sich die einzelnen Gefäße bzw. Metalle mit ihren Lösungen aufladen. Die Salzbrücke ermöglicht den Ionenaustausch. Eine weitere Möglichkeit wäre eine selektivpermeable Membran. Diese Membran trennt die beiden Salzlösungen in **einem** Gefäß und lässt nur bestimmte Ionen durch die Membran fließen und ermöglicht so den Ionenaustausch.

c) Würde man das galvanische Element in einem Gefäß und ohne Membran durchführen, würde es keinen Stromfluss geben, da die Elektronen durch die Flüssigkeit transportiert werden und nicht durch die, an der Elektrode befindlichen, Kabel.

3. Mithilfe einer Elektrolyse können Akkumulatoren wieder „aufgeladen" werden. Bei dieser umgekehrten Redoxreaktion werden die „verbrauchten" Stoffe wiederhergestellt, d. h. die Bindungen werden wieder getrennt. Dafür wird der „Akku" wieder an eine Stromquelle angeschlossen.

1.3 Elektrolyse (Chemikant/-in)   S. 7/8

1. a) Bei Elektrolysen werden Salzlösungen oder Salzschmelzen genutzt, weil sich Ionen nur in flüssigem Material bewegen können. In festen Salzkristallen sind Ionen in einem Gitter angeordnet und somit nicht beweglich.
Ähnlich verläuft der Stromfluss in Kabeln. Stromkabel bestehen aus Metallen. Die Metallatome sind so groß, dass sich die kleineren Elektronen gut durch die großen Atomrümpfe bewegen können.

b) Korrekte Beschriftung:

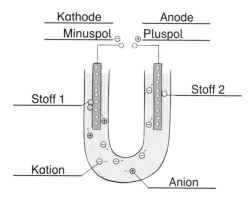

c) Anionen (positiv geladene Teilchen) wandern zum Minuspol, weil sie von diesem angezogen werden. Kationen (negativ geladene Teilchen) wandern zum Pluspol, weil sie von diesem angezogen werden.

2. Korrekte Reaktionsgleichungen:

a) Natriumchlorid: Pluspol: $2\,Cl^- \longrightarrow 2\,Cl + 2\,e^-$

  $2\,Cl \longrightarrow Cl_2$

  Minuspol: $2\,Na^+ + 2\,e^- \longrightarrow 2\,Na$

b) Eisenbromid: Pluspol: $2\,Br^- \longrightarrow 2\,Br + 2\,e^-$

  $2\,Br \longrightarrow Br_2$

  Minuspol: $Fe^{3+} + 3\,e^- \longrightarrow Fe$

c) Aluminiumchlorid: Pluspol: $3\,Cl^- \longrightarrow 3\,Cl + 3\,e^-$

  $3\,Cl \longrightarrow Cl_3$

  Minuspol: $Al^{3+} + 3\,e^- \longrightarrow Al$

3. a) Eine Hofmannsche Zersetzungsapparatur besteht aus zwei Schenkeln, die unten durch zwei durchbohrte Stopfen mit Elektroden verschlossen sind und oben jeweils ein Ventil besitzen, um die Gasregulierung zu steuern. In der Mitte der Apparatur verläuft ein dritter Schenkel, der am obigen Ende eine Einfüllhilfe (für Wasser oder andere Lösungen) besitzt.

b) Am <u>Pluspol</u> bildet sich der Sauerstoff (Gas). Wenn man Wasser mithilfe von Strom zerlegt, wandern die zweifach negativ geladenen Sauerstoffionen zur Anode (Pluspol) und geben dort Elektronen ab, sodass neutral geladene Sauerstoffatome übrigbleiben.
Am <u>Minuspol</u> bildet sich Wasserstoff (Gas). Die positiv geladenen Wasserstoffionen wandern zur Kathode (Minuspol) und nehmen dort ein Elektron auf. So bilden sich neutral geladene Wasserstoffatome.
<u>Korrekte Reaktionsgleichungen:</u>

Pluspol: $\quad 2\,O^{2-} \longrightarrow 2\,O + 4\,e^-$
$\quad\quad\quad\quad\quad 2\,O \longrightarrow O_2$

Minuspol: $\; 4\,H^+ + 4\,e^- \longrightarrow 4\,H$
$\quad\quad\quad\quad\quad 4\,H \longrightarrow 2\,H_2$

c) Bei der Zerlegung von Wasser bildet sich die doppelte Menge Wasserstoff. Bereits die Formel von Wasser, H_2O, zeigt, dass Wasser doppelt so viel Wasserstoff wie Sauerstoff enthält.

d) <u>Nachweismethode von Sauerstoff:</u> Glimmspanprobe
<u>Nachweismethode von Wasserstoff:</u> Knallgasprobe

2.1 Edle und unedle Metalle (Goldschmied/-in)   S. 9

1. a) Korrekte Spannungsreihe: Calcium – <u>Natrium</u> – Magnesium – <u>Aluminium</u> – <u>Zink</u> – Blei – <u>Eisen</u> – Kupfer – <u>Silber</u> – Gold

b) <u>Unedle Metalle:</u> Calcium, Natrium, Magnesium, Aluminium, Zink, Blei, Eisen
<u>Edle Metalle:</u> Kupfer, Silber, Gold

c) Die Spannungsreihe wird nach dem Standardpotential geordnet. Je negativer der Spannungswert (= Potential) ist, desto unedler ist das Metall. Je positiver dieser Wert ist, desto edler ist das Metall.

2. a) Bei der Standardwasserstoffelektrode handelt es sich um ein galvanisches Element. Bei diesem Element gibt es eine Wasserstoffelektrode (= Standard). Diese Elektrode ist ein Platinblech, welches mit Wasserstoff umspült wird. Dieser Elektrode wird, in Form eines anderen Stoffes, eine andere Elektrode entgegengesetzt. Zwischen die Elektroden wird ein Spannungsmessgerät (= Voltmeter) geschalten.

b) Das Voltmeter misst bei unedlen Stoffen negative Werte, bei edlen Stoffen positive Werte. Je negativer der Spannungswert ist, desto unedler ist der Stoff. Je positiver dieser Wert ist, desto edler ist der Stoff. (Die Größe dieser Potentiale ergeben die Spannungsreihe.)

c) Bei diesem galvanischen Element kommen Oxidation und Reduktion gleichzeitig vor. Wenn bei der Oxidation der Wasserstoff oxidiert wird, ist die Spannung positiv. Der untersuchte Stoff ist also edel. Wird bei der Reduktion Wasserstoff gebildet, erhält das Potential ein negatives Vorzeichen und der untersuchte Stoff ist unedel.
Mithilfe eines Oxidationsmittels kann ein Stoff oxidieren. Gleichzeitig werden die oxidierten Elektronen von einem anderen Stoff aufgenommen. Das Oxidationsmittel wird so gleichzeitig reduziert. Wenn ein Stoff reduziert werden soll, gibt man ein dazu passendes Reduktionsmittel hinzu. Gleichzeitig wird das Reduktionsmittel oxidiert.

3. a) Mithilfe der Spannungsreihe weiß Markus, wie stark eine Säure dem entsprechenden Metall reagiert. Je unedler ein Metall ist, desto stärker reagiert es mit dieser Säure. Dann gibt es eine starke Gasbildung. Je edler ein Metall ist, desto weniger reagiert es mit dieser Säure.

b) Im <u>ersten Becherglas (Eisen)</u> findet eine sichtbare Reaktion statt. Es bilden sich kleine Gasbläschen (= Wasserstoff) und nach längerer Zeit baut sich das Eisen ab, da es ein unedles Metall ist. Im <u>zweiten Becherglas (Kupfer)</u> findet keine Reaktion statt, weil Kupfer als edles Metall nicht mit der Säure reagiert.

Julien Bettner: Chemie berufsbezogen 7/10
© Auer Verlag

Lösungen

2.2 Rost und Rostschutz (Kraftfahrzeugmechatroniker/-in)   S. 10

1. a) Bei Korrosion reagiert ein Metall mithilfe von Wasser mit dem Sauerstoff aus der Luft (= „Luftsauerstoff"). Dies ist eine Redoxreaktion. Das Produkt dieser Reaktion ist meist porös und hat die weitere Zersetzung des Metalls zur Folge.
<u>Beispiele:</u> Rost an Eisen, Korrosion von Kupfergegenständen, mattes Tafelsilber (überzogen mit Silbersulfid)

b) <u>Beschreibung:</u> Nach einer Woche wechselt die Farbe der Eisenwolle von grau zu braun und die Wolle wird leicht porös. Die Masse ändert sich aber nicht, denn die Waage ist weiterhin im Gleichgewicht.
<u>Erklärung:</u> Der Rostvorgang ist eine Redoxreaktion. Die Oxidation erfolgt am Eisen, welches zwei Elektronen abgibt. Die Reduktion erfolgt am Sauerstoff mithilfe des Wassers und den abgegebenen Elektronen des Eisens. Es entstehen Hydroxidionen (OH^-). Die Eisenionen reagieren mit den Hydroxidionen zu Eisenhydroxid $Fe(OH)_2$. Dieses reagiert weiter mit dem Sauerstoff aus der Luft zu Eisen(III)-oxid-hydroxid ($FeO(OH)$).

c) <u>Korrekte Reaktionsgleichungen:</u>

Oxidation: $Fe \longrightarrow Fe^{2+} + 2\,e^-$ $| \cdot 2$
               $2\,Fe \longrightarrow 2\,Fe^{2+} + 4\,e^-$

Reduktion: $O_2 + 2\,H_2O + 4\,e^- \longrightarrow 4\,OH^-$

Reaktion: $Fe^{2+} + 2\,OH^- \longrightarrow Fe(OH)_2$

Reduktion: $4\,Fe(OH)_2 + O_2 \longrightarrow 4\,FeO(OH) + 2\,H_2O$

2. a) Anders als Eisen sind Zink und Aluminium unedle Metalle. Sie reagieren sehr leicht mit dem „Luftsauerstoff" und bilden dadurch schnell eine sehr dünne Oxidschicht. Durch diese Schicht kommen weder Wasser noch Luft durch, wodurch keine Korrosion zustande kommen kann.

b) Um solche Bauwerke zu schützen, müssen vor allem Wasser und Sauerstoff vom Eisen abgehalten werden. Hierzu gibt es zwei Möglichkeiten. Bei der ersten wird das Eisen mit einem Stoff überzogen, der wasserabweisend und luftundurchlässig ist. Beispiele hierfür sind Kunststoffe oder Lacke. Eine weitere Möglichkeit ist der Überzug mit einem anderen Metall. Bei der Feuerverzinkung verwendet man Zink. In der Auto- und Schiffsindustrie wird v. a. die sogenannte Passivierung mit Aluminium eingesetzt.

2.3 Gewinnung von Eisen (Fachkraft für Metalltechnik)   S. 11/12

1. a) Eisen wird aus Eisenerz (Eisenoxid) gewonnen. Dieses wird in Bergwerken abgebaut und im Hochofenprozess zu Eisen weiterverarbeitet.

b) <u>Korrekte Beschriftung:</u>

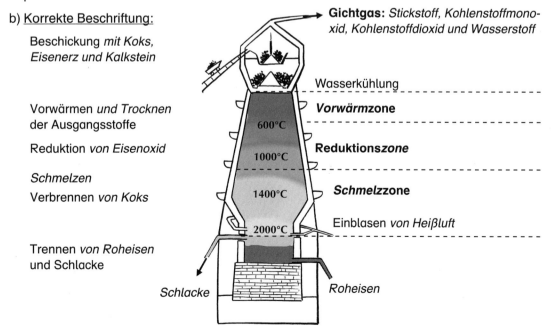

Beschickung *mit Koks, Eisenerz und Kalkstein*

Gichtgas: *Stickstoff, Kohlenstoffmonoxid, Kohlenstoffdioxid und Wasserstoff*

Wasserkühlung

Vorwärmen *und Trocknen* der Ausgangsstoffe

Vorwärmzone

600°C

Reduktion *von Eisenoxid*

Reduktionszone

1000°C

Schmelzen
Verbrennen *von Koks*

Schmelzzone

1400°C

2000°C

Einblasen *von Heißluft*

Trennen *von Roheisen* und Schlacke

Schlacke

Roheisen

c) Der Hochofen wird mit Eisenerz, Koks und Kalkstein befüllt. Koks besteht aus reinem Kohlenstoff und reagiert im Hochofenprozess mit der zugegebenen Heißluft zu Kohlenstoffdioxid. Dieses reagiert mit Kohlenstoff weiter zu Kohlenstoffmonoxid. Diese Schritte erfolgen in der Reduktionszone des Hochofens. Das Kohlenstoffmonoxid soll dem Eisenerz (Eisenoxid) Sauerstoff entziehen. Dabei entstehen wieder Kohlenstoffdioxid und Eisen. Das Eisen setzt sich im unteren Bereich des Hochofens ab und wird immer wieder entnommen (= abgestochen). Des Weiteren entstehen im Hochofen Gichtgase, die abgeleitet werden, und Schlacke. Die Schlacke entsteht durch die vorherige Zugabe von Kalkstein und setzt sich über dem Roheisen ab.

Oxidation:
$$C + O_2 \longrightarrow CO_2 + 2\,e^- \qquad |\cdot 2$$
$$2\,C + 2\,O_2 \longrightarrow 2\,CO_2 + 4\,e^-$$

Reduktion:
$$CO_2 + C \longrightarrow 2\,CO$$
$$3\,CO + Fe_2O_3 + 4\,e^- \longrightarrow 3\,CO_2 + 2\,Fe$$

d) Die <u>Schlacke</u> setzt sich über dem Eisen ab und schützt es so vor Oxidation.
Die <u>Gichtgase</u> heizen die Heißluft auf, werden jedoch nach kurzer Zeit abgeleitet.

2. Das Roheisen, das mithilfe des Hochofenprozesses gewonnen wurde, ist aufgrund des enthaltenen Kohlenstoffs **spröde** und **instabil**. Um es weiter verarbeiten zu können, wird es daher in einen **Konverter** (= ein Behälter) gegeben. In diesem Konverter wird das **Roheisen** mit **Sauerstoff** ausgeblasen. Diesen Prozess nennt man Sauerstoff-**Ausblasverfahren**. Dabei reagiert der Kohlenstoff mit dem **Sauerstoff** zu Kohlenstoffdioxid. Er wird **oxidiert**. Das so veränderte Eisen enthält nur noch sehr wenig Kohlenstoff. Eisen dieser Form wird **Stahl** genannt. Dieser Stoff wird in der Bauindustrie, im **Maschinenbau** und in der **Autoindustrie** genutzt. Es gibt verschiedene Sorten Stahl, die sich in ihrer **Härte** und ihrer **Zusammensetzung** unterscheiden.

3. a) Die Bilder zeigen den Aufbau und Ablauf sowie die Anwendung des Thermit-Verfahrens.

b) <u>Ausgangsstoffe:</u> Eisenoxid und Aluminium
<u>Endprodukte:</u> Eisen und Aluminiumoxid
<u>Erklärung:</u> Aluminium ist ein unedleres Metall als Eisen und hat daher das größere Bestreben, mit dem Sauerstoff zu reagieren. Da Aluminium mit Sauerstoff reagiert, kann das Eisen nicht mit Sauerstoff oxidieren und so entstehen die Produkte reines Eisen sowie Aluminiumoxid.

c) Reduktion: $\quad Fe^{3+} + 3\,e^- \longrightarrow Fe$
Oxidation: $\quad\quad\quad\;\; Al \longrightarrow Al^{3+} + 3\,e^-$
Redoxreaktion: $Fe_2O_3 + 2\,Al \longrightarrow Al_2O_3 + 2\,Fe$
(<u>Hinweis:</u> Die Elektronen heben sich gegenseitig auf.)

2.4 Flammenfärbung (Pyrotechniker/-in)   S. 13/14

1. a) <u>Alkalimetalle:</u> Lithium, Natrium, Kalium, Rubidium, Cäsium (und Francium)
<u>Erdalkalimetalle:</u> Beryllium, Magnesium, Calcium, Strontium, Barium (und Radium)

b) <u>Versuchsaufbau:</u> Ein Bunsenbrenner wird mithilfe einer Stativklemme schräg in ein Stativ gespannt. Die Salze werden mithilfe eines Magesiastäbchens in die Flamme gebracht, dafür muss dieses Stäbchen sauber sein. Zur Reinigung feuchtet man es zuerst mit Salzsäure an und glüht es anschließend in der rauschenden Flamme aus. Dieser Vorgang wird wiederholt. Testet man ein Salz, entnimmt man es mit dem feuchten Magnesiastäbchen und hält das so bestäubte Stäbchen in die rauschende Flamme. Für einen kurzen Moment leuchtet die Flamme in der entsprechenden Farbe des jeweiligen Alkali- oder Erdalkalimetalls. Bevor man das nächste Salz testen kann, muss man das Stäbchen wieder reinigen.

c) <u>Alkalimetalle:</u> Lithium: rot, Natrium: gelb/orange, Kalium: violett, Rubidium: rotviolett, Cäsium: hellblau
<u>Erdalkalimetalle:</u> Beryllium: weiß, Magnesium: weiß, Calcium: ziegelrot, Strontium: dunkelrot, Barium: grün

2. a) Nach dem Atommodell von Bohr sind die Elektronen eines Atoms auf verschiedenen Schalen um den Atomkern angeordnet. Je weiter außen eine Schale ist, umso mehr Energie haben die Elektronen dort. (Oder: Desto mehr Energie benötigt man, um Elektronen dort unterzubringen.) Im normalen Zustand sind diese Schalen mit verschieden vielen Elektronen gefüllt; hierfür gibt es „Regeln". Bei Alkalimetal-

Julien Bettner: Chemie berufsbezogen 7/10
© Auer Verlag

len besitzt die äußerste Schale ein Elektron, das Außenelektron. Wird Energie hinzugegeben, beispielsweise in Form von Hitze, also Feuer, springt dieses einzelne Elektron in die nächsthöhere Schale (1). Es bleibt dort, so lange die nötige Energie hinzugegeben wird. Bricht die Energiezufuhr ab, springt das Elektron zurück in den Grundzustand und gibt die zuvor hinzugefügte Energie in Form von Licht/Farben ab (2).

<u>Im Modell:</u> (1)   (2)

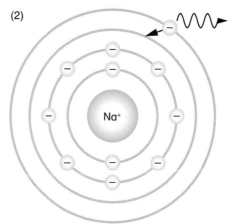

b) Jedes Alkali- und Erdalkalimetall unterscheidet sich in der Anzahl der Schalen. Jede Schale steht für das nächsthöhere Energieniveau. Je mehr Schalen ein Atom hat, umso mehr Energie benötigt man, um das Elektron in die nächsthöhere Schale anzuheben. Wenn diese verschiedenen Energieportionen wieder abgegeben werden, werden sie als unterschiedliche Farben sichtbar.
<u>Beispiel:</u> Das einzelne Elektron des Natriums sitzt eine Schale, und somit ein Energieniveau, höher als das Außenelektron von Lithium. Dementsprechend benötigt man für Natrium mehr Energie. Diese abgegebene Energie des Natriums wird in den Farben Gelb/Orange sichtbar. Die Energie des Lithiums entspricht dagegen der Farbe Rot.

3. a) Das enthaltene Lithiumchlorid färbte die Flamme rot. Dieses hatte Bunsen am Vortag über die Knochen gestreut.

b) Bunsen wollte somit testen, ob die Köche des Restaurants für die Hühnersuppe frische Hähnchenstücke nehmen oder die alten abgenagten Reste vom Vortag.

c) Natriumchlorid ist auch als Kochsalz bekannt. Kochsalz wird zum Würzen von Essen benutzt. Hätte Bunsen Natriumchlorid verwendet, hätte es auch das übliche Gewürz sein können. Er verwendete Lithiumchlorid, damit der Nachweis farblich eindeutig ist.

2.5 Legierungen (Chemielaborant/-in)   S. 15/16

1. a) Korrekte Benennung:

Explosionsgefahr

Entzündlich

Brandfördernd

Gesundheitsschädlich

Ätzend

Giftig

Komprimierte Gase

Systemische Gefährdung

Umweltgefährlich

b) Dieses Etikett klärt auf, welche möglichen Verletzungen am menschlichen Körper durch Schwefelsäure verursacht werden können und welche Maßnahmen präventiv eingehalten werden müssen bzw. welche Maßnahmen durchgeführt werden müssen, wenn ein Verletzungsfall eintritt. Des Weiteren zeigt es das Gefahrensymbol und den dazugehörigen Schutzbegriff.

c) H- und P-Sätze sind auf Gefahrenstoffen abgedruckt und geben die nötigen Sicherheitshinweise für die jeweilige Chemikalie. H-Sätze geben an, welche Gefährdungen von dem Stoff ausgehen. P-Sätze geben an, welche Sicherheitshinweise im Umgang mit diesem Stoff eingehalten werden müssen.
<u>Hier sind es diese Hinweise:</u> H314; H290; P280,1-4+7; P301+330+331; P303+361+353; P305+351+338; P309+310.
<u>Zusammenfassung:</u> Schwefelsäure darf nicht in die Augen oder auf die Haut gelangen, weder innerlich noch äußerlich. Deswegen muss man beim Experimentieren mit dieser Substanz die nötige Schutzkleidung tragen. Sollte (trotzdem) ein Unfall passiert sein, muss die Stelle mit Wasser abgewaschen werden und ein Arzt kontaktiert werden.

2. a) Eine Legierung ist ein Stoffgemisch aus mindestens zwei Metallen. Die Legierung weist dabei im Vergleich zu den vermischten Metallen davor, neue Eigenschaften auf.

b) <u>Bestandteile dieser Legierungen:</u>
- Neusilber: Kupfer, Zink und Nickel
- Bronze: Zinn und Kupfer
- Messing: Zink und Kupfer
- Stahl: Eisen, Nickel, Chrom

c) <u>Skizze von Gusseisen:</u>

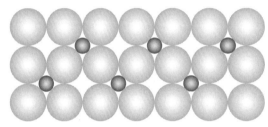

<u>Erklärung:</u> Die Kohlenstoffatome lagern sich in den Zwischenräumen der Eisenatome ab. Durch die unterschiedliche Größe der Atomsorten, finden die Atome des Kohlenstoffs in den Zwischenräumen des Gitternetzes Platz und es entsteht so eine neue Legierung (= Gusseisen) mit neuen Eigenschaften (bzgl. Härte und Dichte).

3. <u>Verwendungen von Legierungen:</u>
- Stahl ist die bekannteste Legierung. Er wird aus Roheisen gewonnen, das mit Chrom und Nickel versetzt wird, und somit härter und stabiler ist sowie weniger anfällig für Korrosion ist.
- Eisen bei Bauwerken und Gebäuden wird vor Korrosion geschützt, indem es mit verschiedenen Metallen überzogen wird.
- Bronze wurde früher für Statuen und Glocken genutzt.
- Messing wird wegen seiner goldähnlichen Farbe in Instrumenten oder Beschlägen verarbeitet.
- Neusilber wird für Besteck und Modeschmuck genutzt.

3.1 Synthese/Zerlegung von Wasser (Fachkraft für Abwassertechnik)   S. 17

1. a) Wasser ist kein Element. Wäre Wasser ein Element, wäre es im Periodensystem der Elemente (PSE) gelistet. Wasser ist jedoch eine Verbindung aus zwei Elementen, die einzeln im PSE gelistet sind.

b) Hofmannsche Zersetzungsapparatur:
<u>Beschreibung des Geräts:</u> Eine Hofmannsche Zersetzungsapparatur besteht aus zwei Schenkeln, die unten durch zwei durchbohrte Stopfen mit Elektroden verschlossen sind und oben jeweils ein Ventil besitzen, um die Gasregulierung zu steuern. In der Mitte der Apparatur verläuft ein dritter Schenkel, der am obigen Ende eine Einfüllhilfe (für Wasser oder andere Lösungen) besitzt.
<u>Beschreibung der Elektrolyse:</u> Wenn man Wasser mithilfe von Strom zerlegt (= Elektrolyse), wandern die zweifach negativ geladenen Sauerstoffionen zur Anode (Pluspol) und geben dort Elektronen ab,

Julien Bettner: Chemie berufsbezogen 7/10
© Auer Verlag

sodass neutral geladene Sauerstoffatomen übrigbleiben. Am Minuspol bildet sich Wasserstoff (Gas). Die positiv geladenen Wasserstoffionen wandern zur Kathode (Minuspol) und nehmen dort ein Elektron auf. So bilden sich neutral geladene Wasserstoffatome.

<u>Bestandteile des Wassers:</u> Insgesamt entsteht doppelt so viel Wasserstoff wie Sauerstoff. Dies gilt als Beweis für die Strukturformel von Wasser (H_2O). Sauerstoff kann anschließend mit der Glimmspanprobe, Wasserstoff mit der Knallgasprobe, nachgewiesen werden.

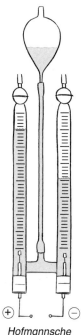

Hofmannsche Zersetzungsapparatur

c) Die Bildung von Wasser wird Synthese genannt. Lässt man Wasserstoff mit Sauerstoff reagieren, entsteht Wasser. Für die Versuchsdurchführung muss beachtet werden, dass Wasserstoff hat eine sehr niedrige Dichte hat, daher leichter als Luft ist und deshalb bei einem offenen Gefäß entweichen könnte. Deshalb leitet man Wasserstoff in einen umgedrehten Standzylinder und entzündet ihn mit einem brennenden Holzspan. Der Wasserstoff reagiert mithilfe der Hitze mit dem „Luftsauerstoff". Es gibt einen kleinen Knall und am Rand des umgedrehten Standzylinders bilden sich Wassertropfen.

d) <u>Korrekte Reaktionsgleichungen:</u>

Elektrolyse: Wasser $\xrightarrow{\quad}$ Wasserstoff + Sauerstoff

$$2\,H_2O \xrightarrow{\quad} 2\,H_2 \quad + \quad O_2$$

Synthese: Wasserstoff + Sauerstoff $\xrightarrow{\quad}$ Wasser

$$2\,H_2 \quad + \quad O_2 \xrightarrow{\quad} 2\,H_2O$$

2. a) Wasserstoff hat im Gegensatz zu Wasser eine sehr gute Brennbarkeit. Wasser lässt sich nicht entzünden. Wasserstoff dagegen ist ein brennbares Gas und kann zusammen mit Sauerstoff hochexplosive Gemische bilden.

b) Anwendungen von Wasserstoff, Beispiele: Herstellung von Wasser, Treibstoff für Raketen, Kraftstoff für Autos, Herstellung von Düngern

3. a) <u>Aufbau eines Wassermoleküls:</u>

b) <u>Reaktionsgleichung:</u> $2\,F_2\,(g) + 2\,H_2O \rightarrow 4\,HF\,(aq) + O_2\uparrow$
(Kurzbeschreibung: Das Wasser oxidiert und es entsteht Floursäure (= Fluorwasserstoff) sowie gasförmiger Sauerstoff.)

3.2 Wasseraufbereitung (Umweltanalytiker/-in)   S. 18/19

1. a) Abwasser fällt überall dort an, wo Wasser als Rohstoff eingesetzt wird und anschließend wieder abgeleitet wird. Das Abwasser der Haushalte kann daher organische Stoffe (also Kohlenhydrate und Eiweiße) sowie Waschmittel enthalten.
Das Abwasser landwirtschaftlicher Betriebe enthält organische Stoffe der Viehhaltung, Dünger und möglicherweise Biozide. Industrielle Abwasser von Fabriken enthalten Öle, Kunststoffe, Fette und/oder diverse Chemikalien. Alle Abwässer werden durch unterirdische Systeme in Kläranlagen geleitet.

b) Korrekte Beschriftung:

A *Mechanische Reinigung*	**6** *Rechengut und Sand*	**14** *Klärschlamm*
B *Biologische Reinigung*	**7** *Schlamm*	**15** *Gas*
C *Chemische Reinigung*	**8** *Vorklärbecken*	**16** *Faulturm*
1 *Kanalisation*	**9** *Rührkessel*	**17** *Schlamm*
2 *Hebewerk mit Schneckenpumpe*	**10** *Flockungsfiltration*	**18** *Klärschlamm als Dünger*
3 *Rechen*	**11** *Nachklärbecken*	**19** *Gewässer*
4 *Sandfang*	**12** *Gasleitung*	
5 *Sand*	**13** *Stromerzeugung*	

c) <u>Mechanische Reinigung:</u> Das Abwasser durchläuft zunächst einen Rechen, der grobe Stoffe (z. B. Toilettenpapier oder Essensrückstände) aus dem Wasser zurückhält. Dem folgt der sogenannte Sandfang. Das Abwasser wird mit Luft durchströmt, dadurch löst sich der Sand und wird mithilfe von Pumpen abtransportiert. Anschließend werden wasserunlösliche Stoffe zurückgehalten. Der letzte Schritt (hier) ist das Vorklärbecken. Das Wasser fließt dort sehr langsam, wodurch ungelöste Stoffe sich am Boden absetzen können.

<u>Biologische Reinigung:</u> Im Belebungsbecken sorgen kleine Bakterien und Mikroorganismen dafür, dass gelöste organische Stoffe abgebaut werden. Dazu werden die Bakterien mit Sauerstoff angeregt. Diese Organismen bilden den belebten Schlamm. Das Wasser wird so in die Nachklärbecken gegeben. In diesen Becken setzt sich der belebte Schlamm ab und wird abgepumpt. Danach wird das Wasser noch einmal in das Belebungsbecken transportiert und diese Reinigungsstufe wird wiederholt.

<u>Chemische Reinigung:</u> In dieser Reinigungsstufe wird das Wasser mithilfe von chemischen Prozessen von Keimen und Verunreinigungen befreit.

d) Das gereinigte Wasser wird anschließend zurück in die Flüsse geleitet und gelangt so wieder in den natürlichen Wasserkreislauf.

e) Der belebte Schlamm wird abgepumpt und in den Faulturm transportiert. Dort wird er in Bewegung gehalten und gärt. Es entstehen heiße Gase, die mithilfe einer Turbine Strom erzeugen. Anschließend wird der Klärschlamm als Dünger auf den Feldern verteilt.

2. a) Wasserwerke versorgen uns mit sauberem Trinkwasser.

   b) <u>Quellwasser</u> stammt aus natürlichen Wasserquellen (z. B. aus Flüssen, die ihren Ursprung in Gebirgen haben). Es wird durch Fördermittel abgepumpt und verarbeitet.

   <u>Grundwasser</u> befindet sich unmittelbar unter der Erdoberfläche und kam durch Niederschläge, Seen oder Flüsse dorthin. Das Grundwasser wird, ähnlich wie das Quellwasser, abgepumpt und verarbeitet.

   c) Das abgepumpte Wasser enthält noch gelöste Stoffe sowie Erde und wird durch große Filteranlagen in den Wasserwerken gefiltert. Hinzu kommt eine Behandlung mit Chlor oder UV-Licht, um Keime oder Chemikalien zu entfernen.

3. <u>Korrekte Beschriftung:</u>

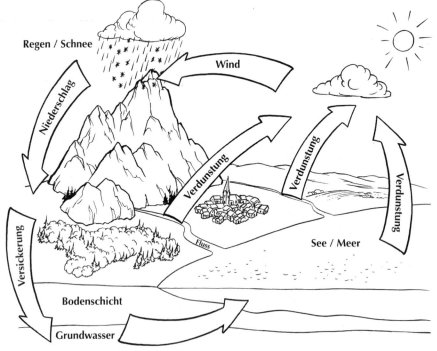

<u>Erklärung:</u> Das aufgearbeitete Wasser aus den Kläranlagen wird in die Gewässer zurückgegeben und kommt somit zurück in den natürlichen Wasserkreislauf. Durch die Sonneneinstrahlung kommt es bei den offenen Gewässern (Flüsse, Meere und Seen) zu Verdunstung und Wolkenbildung. In den höheren Luftschichten sinkt die Temperatur, weshalb es Niederschläge gibt. Diese gelangen in den Boden (und zurück in die Gewässer). Im Boden werden sie als Grundwasser gespeichert. Aus Gewässern und Grundwasserreservoirs wird wiederrum das Frischwasser gewonnen.

Julien Bettner: Chemie berufsbezogen 7/10
© Auer Verlag

3.3 Wasserverbrauch/Wasser als Energiequelle (Umweltschutztechnische-/r Assistent/-in)
S. 20/21

1. a) Individuelle Lösungen; Durchschnittswert für eine Einzelperson: 123 Liter pro Tag

b) <u>Sparmöglichkeiten:</u>

- Wasserhahn bei Putztätigkeiten nicht dauerhaft laufen lassen (z. B. Zähne putzen, spülen, duschen);
- kleine Taste der Toilettenspülung nutzen;
- Sparprogramm bei Wasch- und Spülmaschinen nutzen;
- Regenwasser für die Bewässerung des Gartens nutzen;
- beim Zubereiten von Heißgetränken oder Speisen ggf. Messbecher nutzen.

c) <u>Begründung:</u> Im Sudan (oder anderen Entwicklungsländern) gibt es, anders als in Deutschland, keine oder nur wenige Wasserversorgungsmöglichkeiten. Viele Familien müssen sich daher dort ihren Wasserverbrauch gut einteilen.

<u>Mögliche Folgen:</u>

- Krankheiten wegen mangelnder Hygiene bzw. Mangelversorgung;
- Verhungern oder Verdursten von Menschen und Tieren, oft auch von Kindern und Jugendlichen.

d) Eine ausgebaute Wasserversorgung wie in Deutschland ist nur schwer zu realisieren, da die nötigen Ressourcen (Wasser, Geld und Baumaterialien) fehlen. Wenn es die Trinkwasserreserven ermöglichen, kann der Bau von Brunnen angestoßen werden. So hätten sie kürzere Laufzeiten und ggf. auch mehr Wasser.

2. a) Primärenergien sind Naturprodukte, die (Sonnen-)Energie enthalten. Sekundärenergie entsteht, wenn man eine Primärenergiequelle umwandelt/nutzt.
<u>Beispiele für Primärenergieformen:</u> Holz, Kohle, Erdöl, Wasser, Wind oder Sonnenstrahlung.
<u>Beispiele für Sekundärenergieformen:</u> Strom, Benzin oder Wärme.

b) Wasserwerke nutzen die kinetische Energie (= Bewegungsenergie) des Wassers. Damit werden Turbinen in Bewegung versetzt und somit elektrischer Strom erzeugt.

c) Erneuerbare Energien sind Energieträger, die unerschöpflich sind bzw. immer wieder erneut zur Verfügung stehen. Damit unterscheiden sie sich von den fossilen Energieträgern wie Kohle, Erdöl und Erdgas. Die Entstehungszeit fossiler Energieträger ist zudem sehr groß.

3. ☐ 1. Pumpspeicherkraftwerke laufen kontinuierlich und erzeugen so elektrischen Strom.

☒ 2. Gezeitenkraftwerke arbeiten mithilfe der von Ebbe und Flut produzierten Strömung (= Tidenhub).

☐ 3. Gezeitenkraftwerke laufen nach der Arbeitszeit der jeweiligen kontrollierenden Arbeitskräfte. Die Arbeitszeit ist jeden Tag unterschiedlich.

☐ 4. Laufwasserkraftwerke speichern zunächst das durchfließende Wasser in Stauseen.

☒ 5. Pumpspeicherkraftwerke bestehen aus zwei verschiedenen Becken und werden nur bei Bedarf in Betrieb genommen.

☐ 6. Speicherkraftwerke erzeugen keine Energie, sondern speichern nur die aus den Laufwasserkraftwerken erzeugte Energie.

☒ 7. Laufwasserkraftwerke werden vor allem an Flüssen eingesetzt. Sie nutzen die Strömung der Flüsse und erzeugen so elektrischen Strom.

☒ 8. Bei Speicherkraftwerken fällt das Wasser aus hochgelegenen Stauseen aus sehr großen Höhen in die Turbinen (im Tal) und erzeugt so elektrischen Strom.

4.1 Herstellung von Säuren (Pharmakant/-in)
S. 22

1. a) Säuren schmecken sauer. Sie haben eine ätzende Wirkung auf Stoffe wie Kalk, unedle Metalle und organische Stoffe und zerstören diese daher. Gibt man einen Universalindikator hinzu, färbt sich die Lösung rot. Darüber hinaus leiten wässrige Säuren elektrischen Strom.

Julien Bettner: Chemie berufsbezogen 7/10
© Auer Verlag

b) Korrekte Formeln:

Säure	Summenformel	Strukturformel
Salzsäure	HCl	$H-\overline{\underline{Cl}}|$
Schwefelsäure	H_2SO_4	H—O̲—S—O̲—H mit O doppelt gebunden oben und unten
Kohlensäure	H_2CO_3	O doppelt gebunden an C, zwei O—H Gruppen
schweflige Säure	H_2SO_3	O doppelt gebunden an S, zwei O—H Gruppen
Phosphorsäure	H_3PO_4	H—O̲—P—O̲—H mit O doppelt oben und O—H unten
Salpetersäure	HNO_3	N mit O doppelt, O und O—H
Flusssäure	HF	$H-\overline{\underline{F}}|$
Essigsäure	$C_2H_4O_2$	H₃C—C(=O)—O—H

c) Der pH-Wert ist ein Maß, das die Konzentration von Säuren und Laugen angibt. Hierfür gibt es eine Skala zwischen 0 und 14. Ist der pH-Wert niedrig (0–6) handelt es sich um eine Säure. Liegt der Wert zwischen 8 und 14, handelt es sich um eine Lauge. Das „H" im Wort „pH-Wert" steht für die Eigenschaft der Säuren, Protonen (H^+), also Wasserstoffionen, abzugeben. Je mehr Protonen sie abgeben können, desto saurer sind sie und desto kleiner ist ihr pH-Wert.

2. a) Grundregel: Nichtmetall + Sauerstoff $\longrightarrow$ **Nichtmetalloxid**

Nichtmetalloxid + **Wasser** $\longrightarrow$ **Säure**

Julien Bettner: Chemie berufsbezogen 7/10
© Auer Verlag

b) <u>Kohlensäure:</u>

$$\text{Kohlenstoff} + \text{Sauerstoff} \longrightarrow \text{Kohlenstoffdioxid}$$
$$C + O_2 \longrightarrow CO_2$$
$$\text{Kohlenstoffdioxid} + \text{Wasser} \longrightarrow \text{Kohlensäure}$$
$$CO_2 + H_2O \longrightarrow H_2CO_3$$

<u>Schweflige Säure:</u>

$$\text{Schwefel} + \text{Sauerstoff} \longrightarrow \text{Schwefeldioxid}$$
$$S + O_2 \longrightarrow SO_2$$
$$\text{Schwefeldioxid} + \text{Wasser} \longrightarrow \text{Schweflige Säure}$$
$$SO_2 + H_2O \longrightarrow H_2SO_3$$

c) In einer Wasserflasche bildet sich nur ein sehr kleiner Teil Kohlensäure, weniger als 1 %. Bei Mineralwasser liegt Kohlenstoffdioxid gelöst im Wasser vor. Schüttelt man eine Wasserflasche und öffnet sie anschließend, entweicht dieses Kohlenstoffdioxid in Form von Bläschen aus der Flasche (= „Sprudel"). Erwärmt man dieses Wasser, entweicht auch das restliche Kohlenstoffdioxid. Das Wasser ist daher anschließend nicht mehr so „spritzig".

3. a) „Hygroskopisch" bedeutet „wasserziehend". Diese Säure entzieht also organischen Stoffen das Wasser, wodurch in den meisten Fällen der Kohlenstoff zurückbleibt (= schwarzer Turm im Becherglas). In Zucker ($C_6H_{12}O_6$) ist auch Wasser enthalten. Die Schwefelsäure entzieht ihm dieses Wasser und nur der Kohlenstoff bleibt übrig.

b) <u>Korrekte Wortgleichung:</u>
Zucker (Glucose) + Schwefelsäure $\longrightarrow$ Wasser + Kohlenstoff

4.2 Natronlauge (Bäcker/-in)   S. 23

1. a) Alle Laugengebäcke werden vor dem Backen mit einer Lauge behandelt. Laugen sind das Gegenteil von Säuren, haben jedoch eine ähnlich ätzende Wirkung. Chemisch gesehen, unterscheiden sie sich jedoch in einigen Eigenschaften.

b) Die alkalische Eigenschaft entsteht bei den Laugen durch die Hydroxidionen (OH^-).
Natronlauge besteht daher aus einem Natriumion (Na^+) und einem Hydroxidion (OH^-).

c) Das Natrium reagiert sehr stark mit dem Wasser, indem Wärme frei wird und das Natrium schmelzend über die Wasseroberfläche zischt und kugelförmig wird. Im Wasser bilden sich Schlieren. Gibt man Universalindikator hinzu, verfärbt sich die Lösung pink/violett. Zusätzlich entsteht bei dieser Reaktion Wasserstoff.

$$\text{Natrium} + \text{Wasser} \longrightarrow \text{Natriumhydroxid (Natronlauge)} + \text{Wasserstoff}$$
$$2\,Na + 2\,H_2O \longrightarrow 2\,NaOH + H_2$$

2. a) Die Natronlauge auf den Brezeln reagiert mit dem Kohlenstoffdioxid im Ofen zu Natron (= Natriumcarbonat). Die fertigen Laugengebäcke enthalten somit keine gefährliche Natronlauge mehr. Das Natron ist für den „laugischen" Geschmack und die braune Farbe verantwortlich.

$$\text{Natronlauge (Natriumhydroxid)} + \text{Kohlenstoffdioxid} \longrightarrow \text{Natriumcarbonat} + \text{Wasser}$$
$$2\,NaOH + CO_2 \longrightarrow Na_2CO_3 + H_2O$$

b) Bäcker geben in ihren Teig Hefe hinzu. Hefe besteht aus kleinen einzelligen Mikroorganismen, die, wie alle Lebewesen, atmen und somit Kohlenstoffdioxid abgeben. Dieses Kohlenstoffdioxid reagiert mit der Natronlauge im Ofen zu Natron.

3. <u>Beschreibung:</u> In der Industrie wird Natronlauge durch Elektrolyse einer wässrigen Natriumchlorid-Lösung gewonnen. Die Lösung ist dabei an elektrischen Strom angeschlossen und wird so in ihre Bestandteile zerlegt. Bei der Natriumchlorid-Lösung, die aus frei beweglichen Ionen besteht, entstehen auf diese Weise Chlor und Natronlauge. Die negativen Chlorionen sammeln sich an der Kohlenstoffelektrode und bilden Chlorgas. Dieses wird wiederum für andere Produktionen benötigt. An der anderen Elektrode entsteht Wasserstoff, da das enthaltene Wasser (H_2O) in OH^-- und H^+-Ionen gespalten wird. Nun reagiert das Natrium (Na^+) in der Natriumchlorid-Lösung mit den Hydroxidionen (OH^-) zu Natronlauge (NaOH).

Versuchsaufbau:

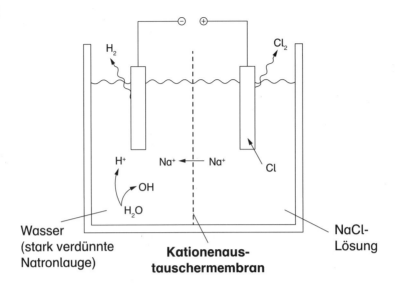

Wasser
(stark verdünnte
Natronlauge)

**Kationenaus-
tauschermembran**

NaCl-
Lösung

4.3 Wasserstoffperoxid (Friseur/-in) S. 24

1. a) Summenformel Wasserstoffperoxid: H_2O_2
Strukturformel Wasserstoffperoxid:

b) Wasserstoffperoxid ist eine schwache Säure. Es ist aber auch ein starkes Oxidationsmittel, das durch den leichten Zerfall in Wasser und Sauerstoff eine Sauerstoffabgabe erzeugt. (Dies kann brandfördernd wirken.)

c) Korrekte Gefahrensymbole/Hinweise:

Signalwort: Gefahr

Brandfördernd   Ätzend   Gesundheitsschädlich

Durch die schwache saure Eigenschaft muss das Gefahrensymbol für ätzend abgebildet werden. Die leicht ätzende Wirkung zeigt sich nach einiger Zeit, wenn kein Hautschutz getragen wird. Durch die Abgabe des Sauerstoffes wirkt es brandfördernd, da Feuer Sauerstoff benötigt. Aufgrund dieser Eigenschaften ist auch der Hinweis „gesundheitsschädlich" sowie das Signalwort „Gefahr" nötig.

2. a) Aufgrund der gefährlichen Eigenschaften schützt sich die Friseurin mit Handschuhen. Angelinas Haar ist ok.

b) Des Weiteren werden leicht konzentrierte Laugen in die Färbemittel gegeben, welche ebenfalls eine ätzende Wirkung enthalten.
In unseren Haaren befinden sich Farbpigmente, die durch das Färben der Haare zerstört oder verändert werden sollen. Diese Pigmente im Haar erreicht man nur, indem man Laugen (z.B. Kalilauge oder Ammoniak) hinzufügt. Diese sorgen dafür, dass das Haar „geöffnet" wird und somit das Färbemittel die Pigmente erreicht und verändern kann.
Die Konzentration dieser Laugen ist gefährlich. Sie dürfen nicht zu stark sein, um eine Zerstörung der Haarstruktur oder der Kopfhaut zu vermeiden. Auch hiervor muss die Friseurin ihre Hände schützen.

c) Wasserstoffperoxid ist in alkalischen Lösungen instabil und zerfällt dabei in Wasser und Sauerstoff. Durch die oxidative Wirkung (= Abgabe von Sauerstoff) werden die Pigmente im Haar zerstört und die Haare erscheinen hell/blond.
Reaktionsgleichung: $2\ H_2O_2 \longrightarrow 2\ H_2O + O_2$

Julien Bettner: Chemie berufsbezogen 7/10
© Auer Verlag

Lösungen

1. a) <u>Summenformel Ammoniak:</u> NH_3 <u>Strukturformel Ammoniak:</u>

b) <u>Eigenschaften von Ammoniak:</u> gasförmig, farblos, stechender Geruch, giftig, wasserlöslich, Lauge

c) <u>Korrekte Gefahrensymbole/Hinweise:</u>

                Signalwort: Gefahr

Komprimierte Gase   *Ätzend*   *Giftig*   *Umweltgefährlich*

Aufgrund der alkalischen Eigenschaft wird das Symbol für „ätzend" abgebildet. Für das Symbol „giftig" sind der stechende Geruch, sowie die giftige Wirkung in den Atemwegen verantwortlich. Da Ammoniak ein Gas ist, wird es in Gasflaschen aufbewahrt und mit dem dazugehörigen Gefahrensymbol der Gasflasche (= „unter Druck stehend") abgebildet. Durch die giftige und dadurch schädliche Wirkung auf Organismen wird das Symbol der Umweltgefährdung abgebildet. Insgesamt ist es daher ein gefährlicher Stoff.

d) Ammoniak ist sehr gut in Wasser löslich. Vermischen sich Ammoniak und Wasser, entsteht eine Ammoniak-Lösung. Dabei gibt das Wasser ein Wasserstoffion an Ammoniak ab und es entstehen Hydroxidionen (OH^-) und Ammoniumionen (NH_4^+). Die Hydroxidionen (OH^-) geben der Ammoniak-Lösung die alkalische Eigenschaft.

<u>Wortgleichung:</u>   Ammoniak + Wasser $\longrightarrow$ Ammoniumion + Hydroxidion

<u>Reaktionsgleichung:</u> $NH_3 + H_2O \longrightarrow NH_4^+ + OH^-$

2. a) Ammoniumchlorid ist die chemische Verbindung von Salmiak.

b) Um Ammoniak nachzuweisen, bringt man es mit Chlorwasserstoffgas (HCl) in Kontakt. Dabei entsteht Salmiak (= Ammoniumchlorid).

<u>Wortgleichung:</u>   Ammoniak + Chlorwasserstoff $\longrightarrow$ Ammoniumchlorid

<u>Reaktionsgleichung:</u> $NH_3 + HCl \longrightarrow NH_4Cl$

c) Salmiak kann man nachweisen, indem man es mit Natronlauge reagieren lässt. Bei der Zugabe von Natronlauge entstehen Ammoniak, Natriumchlorid (Kochsalz) und Wasser.

<u>Wortgleichung:</u>   Ammoniumchlorid + Natronlauge $\longrightarrow$ Ammoniak + Natriumchlorid + Wasser

<u>Reaktionsgleichung:</u> $NH_4Cl + NaOH \longrightarrow NH_3 + NaCl + H_2O$

3. Korrekte Antworten:
   1. Ammoniak ist wichtig für die Produktion von Düngemitteln.
   5. Die Ausgangsstoffe von Ammoniak sind Stickstoff und Wasserstoff.
   7. Damit die niedrige Temperatur und der hohe Druck gewährleistet werden können, wird beim Haber-Bosch-Verfahren ein Katalysator (hier: Metalloxide) verwendet.
   8. Die Synthese von Ammoniak hängt von niedrigen Temperaturen und einem hohen Druck ab.
   9. Der benötigte Stickstoff wird aus der Luft entnommen.
  11. Pflanzen benötigen Stickstoff und nehmen ihn durch Ammoniumsalze zu sich.
  12. Bei der Reaktion von Stickstoff und Wasserstoff wird Energie frei, da dies eine exotherme Reaktion ist.

5.1 Alkoholische Gärung (Winzer/-in)   S. 27

1. a) Bei der alkoholischen Gärung werden organische Substanzen durch verschiedene einzellige Mikroorganismen abgebaut. Als Nebenprodukt entsteht dabei Alkohol, weshalb der Prozess alkoholische Gärung genannt wird.

Julien Bettner: Chemie berufsbezogen 7/10
© Auer Verlag

b) <u>Trinkalkohol:</u> Ethanol

<u>Summenformel von Ethanol:</u> C_2H_6O

<u>Strukturformel von Ethanol:</u>

```
        H   H
        |   |
  H  —  C — C — O — H
        |   |
        H   H
```

c) Hefezellen (= Hefe) werden für die Produktion von Wein benötigt.

2. a) Wortgleichung der allgemeinen, alkoholische Gärung:

Traubenzucker $\longrightarrow$ Alkohol + Kohlenstoffdioxid + Hefe

b) Unter Glykolyse versteht man den Abbau von einfachen Zuckermolekülen (Glucose). Die Glykolyse läuft nur in Organismen mit einem Zellkern ab (z. B. Hefezellen oder menschlichen Zellen). Der Abbau der Glucose vereinfacht den weiteren Prozess der alkoholischen Gärung.

c) Nachdem der Zucker, auch **Glucose** genannt, zu **Pyruvat** abgebaut wurde, spaltet sich **Kohlenstoffdioxid** ab, welches ein Produkt der alkoholischen Gärung ist. Das durch die Abspaltung entstandene **Acetaldehyd** reagiert mit dem körpereigenen Enzym, NADH/H$^+$, weiter zu **Ethanol**, dem Trinkalkohol in alkoholischen Getränken.

3. a) Die Schönung von Wein bedeutet, dass alle im Wein enthaltenen Feststoffe wie restliche Proteine, Metalle aus der Verarbeitung oder Gerbstoffe entfernt werden.

b) Das Reinheitsgebot in Deutschland besagt, dass Bier nur aus Malz, Hopfen, Hefe und Wasser hergestellt werden darf. Es dürfen also keine zusätzlichen Kräuter o. Ä. hinzugefügt werden.

5.2 Methanol/Ethanol (Brauer/-in und Mälzer/-in)   S. 28

1. a) <u>Summenformel von Methanol:</u> CH_4O <u>Strukturformel von Methanol:</u>

```
            H
            |
      H  —  C — O — H
            |
            H
```

<u>Summenformel von Ethanol:</u> C_2H_6O <u>Strukturformel von Ethanol:</u>

```
            H   H
            |   |
      H  —  C — C — O — H
            |   |
            H   H
```

b) Eine funktionelle Gruppe ist eine Gruppe von Atomen, die an organische Verbindungen (z. B. Kohlenwasserstoffverbindungen) gebunden sind. Sie bestimmen u. a. die Stoffeigenschaft und das typische Verhalten bei Reaktionen.
Die funktionelle Gruppe der Alkohole ist die Hydroxyl-Gruppe (-OH).

c) Weitere funktionelle Gruppen:

Funktionelle Gruppe	Bestandteile/Aufbau	Beispiel(e)
Carboxyl-Gruppe	-COOH	Carbon- und Fettsäuren
Ester	-C-O-C-	Fette und Öle
Aldehyde	-COH	Einfachzucker der offenkettigen Form und Zweifachzucker (z. B. Saccharose oder Lactose)
Ketone	-C=O	Fruchtzucker

2. a) Hydrophil bedeutet „wasserliebend/wasserfreundlich". Das Gegenteil dazu ist hydrophob, was „wasserabstoßend/wasserabweisend" bedeutet.

Julien Bettner: Chemie berufsbezogen 7/10
© Auer Verlag

b) An der Strukturformel der Alkohole erkennt man, dass beide eine Hydroxyl-Gruppe (-OH) besitzen. Diese ist ähnlich wie Wasser aufgebaut, weshalb Alkohole hydrophil sind und sich gut in Wasser mischen.
Andererseits hängt die Hydroxyl-Gruppe an einer Kette von Kohlenstoffatomen, gekoppelt mit Wasserstoffen. Je länger diese Ketten sind, desto hydrophober wird der Alkohol und desto besser mischt er sich mit Lösungsmitteln, jedoch umso schlechter mit Wasser.
Da Alkohol sowohl hydrophile, als auch hydrophobe Eigenschaften hat, eignet er sich zum Reinigen, denn er kann verschiedene Stoffgruppen lösen.

c) Die Schüler beobachten eine Volumenkontraktion, d. h. das Volumen nimmt ab. Ein Grund dafür sind die unterschiedlichen Größen der Moleküle. Die Ethanolmoleküle sind wesentlich größer, als die des Wassers. In den Zwischenräumen der großen Ethanolmolekülen setzen sich die kleineren Wassermoleküle und sparen somit Volumen ein.

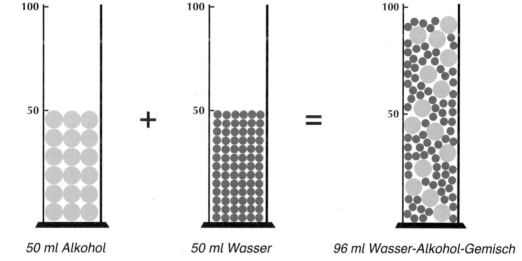

| 50 ml Alkohol | 50 ml Wasser | 96 ml Wasser-Alkohol-Gemisch |

3. a) Durch die Destillation des 15%-igen Alkohols lässt sich eine höhere Alkoholkonzentration erreichen. Dabei wird die niedrige Siedetemperatur (78 °C) von Ethanol genutzt. Das so entstandene Gas wiederum wird abgeleitet. Anschließend wird es gekühlt und kondensiert wieder zu flüssigem Ethanol. So wird das Ethanol vom Wasseranteil getrennt. Dieser Vorgang kann wiederholt werden. Je nach Höhe der Alkoholkonzentration, verbleibt mehr oder weniger Wasser.

b) Beim selbst hergestellten Alkohol von Privatpersonen, besteht die Gefahr, dass neben Ethanol auch Methanol entstehen kann. Methanol ist aber lebensgefährlich und gilt als giftige Substanz. Schon geringe Mengen können zu Erblindungen, Gehirnschäden oder zum Tod führen.

5.3 Seifen (Kosmetiker/-in)   S. 29

1. a) Für die Herstellung von Seifen werden Fette (Fettsäureester) mit einer Lauge (z. B. Natronlauge) vermischt und erhitzt. Dabei werden die Fette gespalten und es entstehen die Natriumsalze der Fettsäuren. Diesen Vorgang nennt man Vertiefung.

b) Beispiele für Seifen und Herstellungsunterschiede:
   Kernseife: Herstellung mit Natronlauge;
   • Schmierseife: Herstellung mit Kalilauge;
   • Feinseife: Herstellung mit Natronlauge und weitere Zusätze;
   • Rückfettende Seife: Herstellung mit Natronlauge, weiteren Zusätzen und weiteren Fetten;
   • Rasierseife: Herstellung mit Natronlauge und Kalilauge;
   • Waschmittel: Herstellung von Tensiden, Wasserstoffenthärtern, Enzymen, Kernseifen und Duftstoffen

c) Allgemeine Wortgleichung der Seifenherstellung: Fett + Lauge $\longrightarrow$ Seife + Glycerin

Julien Bettner: Chemie berufsbezogen 7/10
© Auer Verlag

2. a) Das Bild zeigt ein Tensid. Tenside sind die Substanzen in Waschmitteln und Seifen, die die Oberflächenspannung herabsetzen. Sie setzen sich aus einem (hier: linken) lipophilen („fettliebenden") und einem (hier: rechten) hydrophilen („wasserliebenden") Teil zusammen. Der lipophile Teil ist eine lange Kohlenwasserstoffkette. Der hydrophile Teil ist das Anion des Natriumsalzes der Fettsäure.

a)/b) Mögliche Beschriftung:

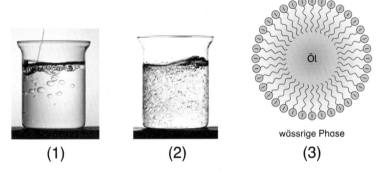

c) Wasser hat eine große Oberflächenspannung, weshalb die Büroklammer auf dem Wasser schwimmen kann. Die hinzugegebene Seife enthält Tenside. Bei der Zugabe dieser Tenside zerstören deren lipophiler Teil die Wasseroberfläche, da er wasserabstoßend, aber fettliebend, ist. Die Anziehungskräfte der Wassermoleküle sinken und die Oberflächenspannung nimmt ab. Die Büronadel sinkt.

d) Das Öl schwimmt zunächst im Wasser und lagert sich dann gesammelt oben ab. Die hinzugegebene Seife enthält Tenside, woraufhin sich die Öltropfen in der Lösung verteilen. Es entsteht eine Emulsion. Denn diese Tenside ummanteln mit ihrem lipophilen (fettliebenden) Teil das Öl und sorgen gleichzeitig mit ihrem hydrophilen (wasserliebenden) Teil dafür, dass dieser ummantelte Öltropfen im Wasser schwimmen kann.

(1)   (2)   (3)

5.4 Fettsäuren (Lebensmittelchemiker/-in)   S. 30

1. a) Fettsäuren bestehen aus langen Ketten von Kohlenwasserstoffen und einer funktionellen Gruppe, der Carboxyl-Gruppe (-COOH).

b) Strukturformel der Palmitinsäure:

Strukturformel der Laurinsäure:

c) Gesättigte Fettsäuren bestehen aus langen Kohlenstoffketten, die jeweils durch einfache Bindungen verbunden sind. Ungesättigte Fettsäuren bestehen auch aus langen Kohlenstoffketten, jedoch besitzen sie mindestens eine Doppelbindung (an verschiedenen Orten). Besitzen sie mehrere Doppelbindungen, nennt man sie auch „mehrfach ungesättigten Fettsäuren".

Julien Bettner: Chemie berufsbezogen 7/10
© Auer Verlag

Strukturformel der Buttersäure:

Strukturformel der Ölsäure:

2. a) <u>Gesättigte Fettsäuren:</u> tierische Produkte (z. B. Fleisch und Wurst, Milchprodukte und Butter) sowie Süßwaren und Gebäcke
<u>Ungesättigte Fettsäuren:</u> pflanzliche Nahrungsmittel (z. B. Öle, Nüsse, Avocados) aber auch in Fisch (z. B. Hering oder Thunfisch)

  b) Ungesättigte Fettsäuren kann unser Körper selbst nicht produzieren, daher müssen wir sie durch Nahrungsmittel zu uns nehmen.

  c) Fettsäuren geben dem menschlichen Körper Energie und unterstützen das Immunsystem. Langkettige Fettsäuren benötigen mehr Zeit, um abgebaut zu werden, sodass man länger satt ist. Gesättigte Fettsäuren sollen das Herzinfarktrisiko und den Cholesterinwert erhöhen. Ungesättigte Fettsäuren dagegen helfen unserem Körper Entzündungen abzubauen und schützen vor Rheuma. Bei beiden Fettsäuren gilt jedoch, dass die (richtige) Dosis entscheidend ist.

3. Um Doppelbindungen nachzuweisen, nutzt man Bromwasser. Brom bzw. Bromwasser ist eine bräunliche Flüssigkeit, die sich entfärbt, wenn ein Stoff Doppelbindungen enthält. Gibt man also Bromwasser in Buttersäure, die gesättigte Fettsäure enthält, bleibt die Flüssigkeit bräunlich. Wird Ölsäure, die ungesättigte Fettsäure enthält, mit Bromwasser versetzt, entfärbt sich die Lösung. Dies ist der positive Nachweis von Doppelbindungen.

5.5 Fette und Farben (Lacklaborant/-in)   S. 31

1. a) Fette entstehen aus einer Fettsäure und einem dreiwertigen Alkohol, meist Glycerin.

  b) Die funktionelle Gruppe des Alkohols, die Hydroxyl-Gruppe (-OH), verbindet sich mit der funktionellen Gruppe der Fettsäure, der Carboxyl-Gruppe (-COOH), unter Abspaltung von Wasser (H_2O) zu der neuen funktionellen Gruppe der Ester (-C-O-C-).

Julien Bettner: Chemie berufsbezogen 7/10
© Auer Verlag

c) Korrekte Reaktionsgleichung:

Glycerin   +   Butansäure   ⟶ ...

```
      H
      |
 H—C—O—H           H   H   H    O
      |            |   |   |   //
 H—C—O—H    +    H—C—C—C—C          ⟶ ...
      |            |   |   |    \
 H—C—O—H           H   H   H     O—H
      |
      H
```

... ⟶   Tributansäureglycerinester   +   Wasser

```
       H      O   H   H   H
       |      ||  |   |   |
  H — C — O — C — C — C — C — H            H   O   H
       |          H   H   H
       |      O   H   H   H
       |      ||  |   |   |
...⟶ H — C — O — C — C — C — C — H    +    H   O   H
       |          H   H   H
       |      O   H   H   H
       |      ||  |   |   |
  H — C — O — C — C — C — C — H            H   O   H
       |          H   H   H
       H
```

d) Fette werden in flüssige, feste und halbfeste Fette unterteilt. <u>Feste Fette</u> enthalten nur gesättigte Fettsäuren. <u>Flüssige Fette</u> dagegen enthalten zusätzlich mehrere ungesättigte Fettsäuren (z. B. Olivenöl). <u>Helbfeste Fette</u> bilden den Zwischenzustand und enthalten einfach ungesättigte Fettsäuren.

e) <u>Eigenschaften von Fetten:</u>
  • sind nicht wasserlöslich;
  • haben niedrigere Dichte als Wasser;
  • können im Molekül vernetzt werden und bilden so beispielsweise Ölfarben.

2. a) Ölfarben bestehen aus einem Bindemittel und Farbpigmenten. In Bindemitteln gibt es einen sehr großen Anteil an Ölen. Öle dienen als besonderes Bindemittel für die Farbpigmente, da sie deren Struktur kaum verändern. In Ölfarben ist kein Wasser enthalten. (Öle und Wasser lassen sich schließlich nicht vermischen.)

  b) Natürliche Öle werden aus natürlichen Produkten (meist Pflanzen) gewonnen. <u>Beispiele:</u> Leinöl, Nussöl, Hanföl, Rizinusöl, Sonnenblumenöl.
  Synthetische Öle werden künstlich hergestellt und können beispielsweise eine höhere Viskosität haben. <u>Beispiele:</u> Motor- und Schmieröle verschiedener Hersteller

  c) Bei der sogenannten Autooxidation reagiert der Luftsauerstoff mit den Doppelbindungen der ungesättigten Fettsäuren in den Fetten (= Öl). Somit erfolgt eine Verlagerung der Ester-Gruppe in den Fetten. Die Verlagerung dieser Ester-Gruppen sorgt dafür, dass sich viele Fettmoleküle miteinander verbinden können (= polymerisieren) und es eine Quervernetzung der Moleküle gibt. Diese Quervernetzung bildet die „Haut" auf den Ölfarben.

Julien Bettner: Chemie berufsbezogen 7/10
© Auer Verlag

5.6 Aufbau und Zusammensetzung moderner Waschmittel
(Biologisch-technische/-r Assistent/-in)
S. 32/33

1. a) <u>Inhaltsstoffe von Waschmitteln:</u> Tenside, Wasserenthärter, Bleichmittel, Kernseife, Duftstoffe, Enzyme

b) Tenside bestehen aus einem unpolaren Alkylrest (= Kohlenwasserstoffkette) und einem polaren Anionen- oder Kationenrest aufgebaut. Der Alkylrest ist hydrophil (und damit lipophil), der polare Teil hingegen hydrophil.

<u>Skizze:</u>

lipophil

hydrophil

c) Diese Tenside unterscheiden sich nur beim polaren, hydrophilen Teil. Besteht dieser Teil aus einem Anion, ist das Tensid negativ geladen; bei einem Kation positiv.

d) Die meisten Schmutzpartikel enthalten Fette. Die Tenside lagern sich deshalb mit ihrem hydrophoben (= lipophilen) Teil am Schmutzpartikel an. Die hydrophilen Köpfe der Tenside befinden sich dabei weiterhin im Wasser. Im Laufe der Zeit wird der Schmutzpartikel aber von vielen Tensiden umhüllt und somit, beispielsweise von der Kleidung, gelöst. Durch die hydrophile Eigenschaft der „Tensidköpfe" ist der Schmutzpartikel im Wasser gelöst und kann so abtransportiert werden.

<u>Skizze:</u>

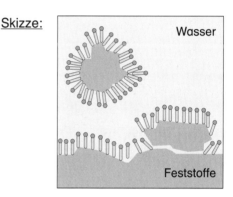

Wasser

Feststoffe

2. a) Wenn besonders viele Calcium- und Magnesiumionen im Wasser gelöst sind (= Kalkgehalt), nennt man es „hart".

b) Der entstehende Kalk, bestimmt den Grad der Wasserhärte.
<u>Fachbegriff:</u> Calciumcarbonat
<u>Summenformel:</u> $CaCO_3$
<u>Mögliche Folgen:</u> Durch diesen Stoff werden die Wasserrohre und dazugehörige Haushaltsgeräte (z. B. Wasserhahn, Waschmaschine, Wasserkocher) verkalkt, verstopft sowie brüchig.

c) Wasserenthärter verhindern die Bildung von ausgehärteten Salzen und Kalk. Die Calcium- und Magnesiumionen verbleiben also gelöst im Wasser bzw. werden wieder gelöst. Auf diese Weise werden die Leitungen und die Geräte geschont.

3. Neben Tensiden und Wasserenthärtern enthalten Waschmittel **Bleichmittel**. Diese entfernen **Farbflecken**, indem sie **entfärbt** werden. Weitere Bestandteile sind verschiedene **Enzyme**. Diese entfernen verschiedene Stoffgruppen aus Essensresten, z. B. **Eiweiße**, **Fette** und **Stärke**. Allerdings sind die verschiedenen Enzyme **temperaturabhängig**, sodass diese Reaktionen nur bei 30 °C–**60** °C ablaufen können. Damit beim Waschen nicht zu viel Schaum entsteht, dies würde die Waschmaschine schädigen, werden **Entschäumer** (z. B. Silikone und **Kernseife**) hinzugefügt. Die enthaltenen **Duft-** und **Zusatzstoffe** schonen die Farbe der Textilien und geben der Wäsche einen frischen Geruch.

4. <u>Enzyme und ihre Aufgaben:</u>
- Proteasen: eiweißhaltigen Schmutz entfernen
- Amylasen: stärkehaltigen Schmutz entfernen
- Lipasen: fettigen Schmutz entfernen
- Cellulasen: Baumwollfasern glätten

6.1 Gewinnung von Erdgas und Erdöl (Baustoffprüfer/-in)
S. 34/35

1. a) Fossile Brennstoffe bildeten sich aus toten Pflanzen und Tieren (hauptsächlich Plankton), die sich vor vielen Millionen von Jahren (vor ca. 150–300 Mio. Jahren) auf dem Meeresboden abgesetzt haben. Am strömungs- und sauerstoffarmen Boden, werden sie nicht komplett zersetzt, aber wiederum mit

Julien Bettner: Chemie berufsbezogen 7/10
© Auer Verlag

einer tonhaltigen Schicht überzogen, weshalb durch die eingeschlossenen Bakterien ein Faulschlamm entsteht. Auf diese Weise bilden sich viele Schichten übereinander. Je nach Druckverhältnissen und Bewegungen der Erdoberfläche entstehen so Lagerstätten mit Kohle, Erdöl und Erdgas. In den wenigsten Fällen befinden sich diese Rohstoffe gemeinsam in einer Lagerstätte. Erdöl und Erdgas kommen jedoch oft gemeinsam vor. Kohle hingegen wird in eigenen Bergwerken gefördert. Der Begriff „fossil" bezeichnet hier also abgestorbenes, organisches Material.

b) Korrekte Antworten:
- ☐ 1. Grundstoff von fossilen Brennstoffen ist abgestorbener Plankton, der auf dem Meeresboden Schichten bildete und dort von Bakterien vollständig abgebaut wurde. Aufgrund des niedrigen Drucks bildeten sich so Erdöl und Erdgas.
  Korrektur: Grundstoff von fossilen Brennstoffen ist abgestorbener Plankton, der auf dem Meeresboden Schichten bildete und dort von Bakterien nicht vollständig abgebaut wurde. Aufgrund des hohen Drucks bildeten sich so Erdöl und Erdgas.
- ☒ 2. Aus abgestorbenen Tieren und Pflanzen, abgedeckt mit Sand und Ton, bildete sich Faulschlamm.
- ☒ 3. Erdöl kann von Gesteinsschichten gespeichert werden und wandert durch poröse Schichten weiter nach oben zu eingeschlossenen Lagerstätten.
- ☐ 4. Kohle, Erdgas und Erdöl können gemeinsam in einer Lagerstätte vorkommen.
- ☐ 5. Erdöl und Erdgas werden nicht gemeinsam abgebaut, sondern abwechselnd nacheinander aus der gleichen Quelle gefördert.
  Korrektur: Erdöl und Erdgas werden gemeinsam aus der gleichen Quellen abgebaut und getrennt durch Pipelines oder Tanker abtransportiert.

c) Eine Erdöl- bzw. Erdgasreserve ist eine bereits erfasste und mit heutiger Technologie und Maschinen zu erreichende Quelle. Erdöl- bzw. Erdgasressourcen sind noch nicht erfasste bzw. gefundene Quellen oder Befunde, die mit heutigen Maschinen nicht zu erreichbar sind.

d) Erdöl und Erdgas sind Stoffgemische. Sie unterscheiden sich darin, das Erdöl eine Flüssigkeit und Erdgas ein Gas ist.

2. a) <u>Verwendungen von Erdgas:</u> Energiegewinnung (Strom und Wärme) und Treibstoff für Kraftfahrzeuge

b) <u>Mögliche Verwendungen von Erdöl:</u> Treibstoff für Flugzeuge, Autos und Schiffe, Energiequelle in Ölöfen zum Kochen und Heizen, Reinigungsmittel
<u>Weitere Verwendungen:</u> Ausgangsstoff bei der Produktion von Kunststoffen (z. B. für Smartphones), von Chemiefasern (z. B. für Nylonstrümpfe), von Paraffinen (z. B. für Kerzen), von Waschmitteln, aber auch von Farben und Lacken.

c) <u>Korrekte Produkte:</u> Nylonstrümpfe, Badeanzug, Kerze, Smartphone, Salbe, Lippenstift, Pet-Flasche

d) Individuelle Ergänzen, vgl. Antwortteil b)

3. a) Raffinerien sind die Anlagen, die Erdöl trennen.

b) Den Trennvorgang nennt man fraktionierte Destillation. Die einzelnen Bestandteile nennet man Fraktionen.

c)/d) <u>Fraktionen von Erdöl (nach aufsteigender Temperatur):</u>

Temperatur(en)	Fraktion	Nutzung
bis zu 30°C	Gase	Kochen, Laboratorien, Feuerzeuge
35°C – 130°C	Benzine	Kraftstoff für Autos
150°C – 250°C	Petroleum	Modellflugzeuge, Löse- und Reinigungsmittel
	Kerosin	Kraftstoff für Flugzeuge
250°C – 350°C	Diesel	Kraftstoff für Dieselkraftfahrzeuge
	leichtes Heizöl	Kraftstoff zum Heizen von Häusern
ca. 400°C	schweres Heizöl	Kraftstoff für Kraftwerke und zum Heizen der Raffinerien selbst

Julien Bettner: Chemie berufsbezogen 7/10
© Auer Verlag

Lösungen

1. a) <u>Formen von Kohlenwasserstoffen:</u> Alkane (Einfachbindung), Alkene (Doppelbindung), Alkine (Dreifachbindung), Aromaten, Cycloalkane bzw. Cycloalkene (Ringform, z.B. Zucker).

b) <u>Homologe Reihe der Kohlenwasserstoffe (Alkane):</u>

Methan:	CH_4
Ethan:	C_2H_6
Propan:	C_3H_8
Butan:	C_4H_{10}
Pentan:	C_5H_{12}
Hexan:	C_6H_{14}
Heptan:	C_7H_{16}
Octan:	C_8H_{18}
Nonan:	C_9H_{20}
Decan:	$C_{10}H_{22}$
Undecan:	$C_{11}H_{24}$
Dodecan:	$C_{12}H_{26}$
Tridecan:	$C_{13}H_{28}$
Tetradecan:	$C_{14}H_{30}$

c) Jedes Alkan besteht aus einem Kohlenstoff- und zwei Wasserstoffatomen mehr, als der vorherige. Daraus ergibt diese <u>allgemeine Summenformel</u>: C_nH_{2n+2}.

d) Gesättigte Kohlenwasserstoffe enthalten zwischen den Kohlenstoffatomen einfache Elektronenbindungen. Ungesättigte Kohlenwasserstoffe enthalten mindestens eine Doppel- und/oder Dreifachbindung zwischen den einzelnen Atomen. Kohlenwasserstoffe mit einer Doppelbindung erhalten die Endsilbe „-en", die mit einer Dreifachbindung die Endsilbe „-in".

```
    H   H                 H         H
    |   |                  \       /
H — C — C — H              C  =  C
    |   |                  /       \
    H   H                 H         H            H — C ≡ C — H
   Ethan (C₂H₆)          Ethen (C₂H₄)           Ethin (C₂H₂)
```

2. a) Beim Cracken werden langkettige Kohlenwasserstoffe in kurzkettige Kohlenwasserstoffe gespalten. Dies ist nötig, da mithilfe der fraktionierten Destillation von Erdöl nur etwa 20 % Benzin gewonnen werden. Dieser Anteil deckt den weltweiten Bedarf an Benzin jedoch nicht ab. Da Benzine kurzkettige Kohlenwasserstoffe sind, können sie mithilfe des Crackens in der benötigten Menge hergestellt werden.

b) Beim thermischen Cracken wird mit hohen Temperaturen von bis zu 800°C gearbeitet. Beim katalytischen Cracken werden Katalysatoren hinzugegeben, beispielsweise Metalloberflächen und Wasserstoff, um so die Reaktionsgeschwindigkeit zu erhöhen. Auf diese Weise werden keine hohen Temperaturen oder Drücke benötigt.

Julien Bettner: Chemie berufsbezogen 7/10
© Auer Verlag

Lösungen

c) <u>Korrekte Summen- und Strukturformeln:</u>

1. Hexadecan $\longrightarrow$ Octan + Heptan + Kohlenstoff

   $C_{16}H_{34}$ $\longrightarrow$ C_8H_{18} + C_7H_{16} + C

$$H-\underset{\underset{H}{|}}{\overset{\overset{H}{|}}{C}}-\underset{\underset{H}{|}}{\overset{\overset{H}{|}}{C}}-\underset{\underset{H}{|}}{\overset{\overset{H}{|}}{C}}-\underset{\underset{H}{|}}{\overset{\overset{H}{|}}{C}}-\underset{\underset{H}{|}}{\overset{\overset{H}{|}}{C}}-\underset{\underset{H}{|}}{\overset{\overset{H}{|}}{C}}-\underset{\underset{H}{|}}{\overset{\overset{H}{|}}{C}}-\underset{\underset{H}{|}}{\overset{\overset{H}{|}}{C}}-\underset{\underset{H}{|}}{\overset{\overset{H}{|}}{C}}-\underset{\underset{H}{|}}{\overset{\overset{H}{|}}{C}}-\underset{\underset{H}{|}}{\overset{\overset{H}{|}}{C}}-\underset{\underset{H}{|}}{\overset{\overset{H}{|}}{C}}-\underset{\underset{H}{|}}{\overset{\overset{H}{|}}{C}}-\underset{\underset{H}{|}}{\overset{\overset{H}{|}}{C}}-\underset{\underset{H}{|}}{\overset{\overset{H}{|}}{C}}-\underset{\underset{H}{|}}{\overset{\overset{H}{|}}{C}}-H$$

$\rightarrow$ H—C—C—C—C—C—C—C—C—H + H—C—C—C—C—C—C—C—H + C

2. Octadecan $\longrightarrow$ Heptan + Hexan + Pentin

   $C_{18}H_{38}$ $\longrightarrow$ C_7H_{16} + C_6H_{14} + C_5H_8

H—C—C—C—C—C—C—C—C—C—C—C—C—C—C—C—C—C—C—H

$\rightarrow$ H—C—C—C—C—C—C—C—H + H—C—C—C—C—C—C—H + H—C$\equiv$C—C—C—C—H

3. Tetradecan $\longrightarrow$ 2 mol Hexan + Ethin

   $C_{14}H_{30}$ $\longrightarrow$ C_6H_{14} + C_6H_{14} + C_2H_2

H—C—C—C—C—C—C—C—C—C—C—C—C—C—C—H

$\rightarrow$ H—C—C—C—C—C—C—H + H—C—C—C—C—C—C—H + H—C$\equiv$C—H

Bitte noch mal prüfen ob **mol** an dieser Stelle richtig verwendet wird.

Julien Bettner: Chemie berufsbezogen 7/10
© Auer Verlag

4. Decan $\longrightarrow$ Heptan + Ethin + Methan
$C_{10}H_{22} \longrightarrow C_7H_{16} + C_2H_2 + CH_4$

$$
\begin{array}{c}
\text{H\ \ H\ \ H\ \ H\ \ H\ \ H\ \ H\ \ H\ \ H\ \ H} \\
|\ \ \ |\ \ \ |\ \ \ |\ \ \ |\ \ \ |\ \ \ |\ \ \ |\ \ \ |\ \ \ | \\
\text{H—C—C—C—C—C—C—C—C—C—C—H} \\
|\ \ \ |\ \ \ |\ \ \ |\ \ \ |\ \ \ |\ \ \ |\ \ \ |\ \ \ |\ \ \ | \\
\text{H\ \ H\ \ H\ \ H\ \ H\ \ H\ \ H\ \ H\ \ H\ \ H}
\end{array}
$$

$$
\begin{array}{c}
\text{H\ \ H\ \ H\ \ H\ \ H\ \ H\ \ H} \qquad\qquad\qquad\qquad \text{H} \\
|\ \ \ |\ \ \ |\ \ \ |\ \ \ |\ \ \ |\ \ \ | \qquad\qquad\qquad\quad | \\
\rightarrow \text{H—C—C—C—C—C—C—C—H} + \text{H—C}\equiv\text{C—H} + \text{H—C—H} \\
|\ \ \ |\ \ \ |\ \ \ |\ \ \ |\ \ \ |\ \ \ | \qquad\qquad\qquad\quad | \\
\text{H\ \ H\ \ H\ \ H\ \ H\ \ H\ \ H} \qquad\qquad\qquad\qquad \text{H}
\end{array}
$$

6.3 Herstellung von Kunststoffen (Kunststoff- und Kautschuktechniker/-in)   S. 37

1. a) Alle Kunststoffe werden aus Erdöl gewonnen.

b) <u>Die drei Kunststoffklassen:</u>

- <u>Thermoplaste:</u> Sie können sich durch Wärme dauerhaft verformen.
  <u>Beispiele:</u> Becher, Eimer, Rohre, Smartphone-Hüllen, Getränkeflaschen

- <u>Elastomere:</u> Die sind elastische Kunststoffe. Zieht man sie auseinander oder drückt man sie zusammen, nehmen sie anschließend ihre Ursprungsform wieder ein.
  <u>Beispiele:</u> Gummi (Kautschuk), Schwämme, Matratzen

- <u>Duroplasten:</u> Dies sind harte und spröde Kunststoffe. Sie sind nicht verformbar und können hohen Temperaturen ausgesetzt werden, ohne dass sie sich verformen.
  <u>Beispiele:</u> Steckdosen, Helme, Verkleidungen von Maschinen

c) <u>Korrekter Aufbau der Kunststoffklassen:</u>

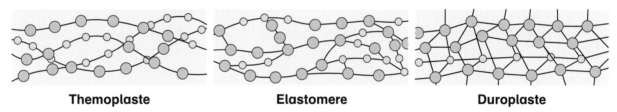

Themoplaste   **Elastomere**   **Duroplaste**

- <u>Thermoplaste:</u> Sie können bei Wärme dauerhaft verformt werden, da die langen Kohlenstoffketten nebeneinander liegen. Werden diese erhitzt, können sie leicht abgleiten und „verrutschen".

- <u>Elastomere:</u> Sie sind elastisch, weil ihre langen Polymere an einigen Stellen miteinander verbunden sind und daher auch etwas stabiler sind als Thermoplaste. Deshalb können sie ihre Ausgangsform beibehalten, obwohl man sie zieht oder drückt.

- <u>Duroplaste:</u> Die Kohlenstoffketten sind hier dreidimensional miteinander verbunden und sind somit sehr stabil. Sie können daher nicht „verrutschen" oder elastisch verformt werden.

2. a) Bei der Polymerisation entstehen Polymere aus Monomeren.

b) <u>Entstehung von Polyethylen (PE):</u>

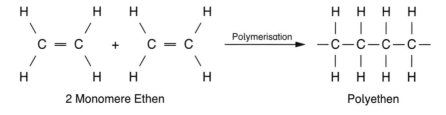

2 Monomere Ethen   Polyethen

Julien Bettner: Chemie berufsbezogen 7/10
© Auer Verlag

c) PET (= Polyethylenterephthalat) entsteht aus der Reaktion von Ethansäure und Ethandiol.

d) Ester entsteht durch die Reaktion einer Hydroxyl-Gruppe (-OH) und einer Carboxyl-Gruppe (-COOH) unter Abspaltung von Wasser.

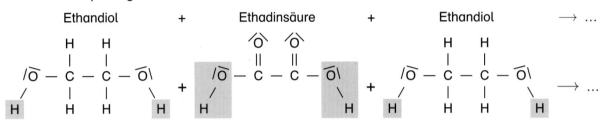

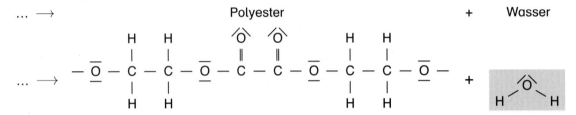

e) Bei der Polykondensation entstehen Polyester.

3. a) <u>Mögliche Vorteile:</u> Kunststoff …
   - … ist sehr preiswert (aufgrund der Massenproduktion);
   - … lässt sich gut verformen;
   - … ist sehr leicht;
   - … leitet keinen elektrischen Strom;
   - … ist witterungsbeständig und
   - … ist vielseitig einsetzbar.

   <u>Mögliche Nachteile:</u> Kunststoffprodukte …
   - … sind oftmals nur einmal einsatzbar;
   - … sind nicht natürlich abbaubar;
   - … verschmutzen die Weltmeere und
   - … erzeugen bei ihrer Verbrennung giftige Gase.

b) Kunststoffe können bei der Mülltrennung mechanisch getrennt werden. Jede Sorte wird in Form kleiner Pellets verarbeitet werden. Diese werden geschmolzen und wieder zu neuen Produkten verwertet. Erhitzt man gemischte Kunststoffgruppen bei der Pyrolyse auf 700°, entsteht ein zähflüssiges Öl, welches erneut zu Kunststoffen verarbeitet werden kann. Verwendet man noch höhere Temperaturen, geht der Rohstoff verloren und es entstehen giftige Gase.

6.4 Treibhausgas (Umweltanalytiker/-in)   S. 38

1. a) <u>Korrektes Kreisdiagramm:</u>

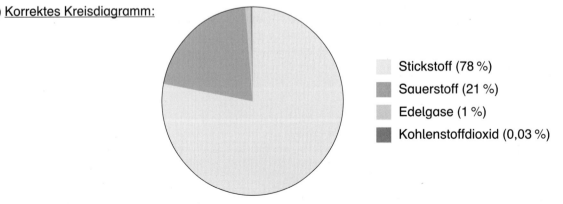

Stickstoff (78 %)

Sauerstoff (21 %)

Edelgase (1 %)

Kohlenstoffdioxid (0,03 %)

Julien Bettner: Chemie berufsbezogen 7/10
© Auer Verlag

b)/c) <u>Bestandteile der Luft mit Eigenschaft/Nutzungsart:</u>
- Stickstoff: nicht brennbar und wichtiger Bestandteil von Düngemitteln;
- Sauerstoff: brennbares Gas und Lebensgrundlage (Atmung);
- Edelgase: Beispiele: Helium ist ein wichtiges Füllgas; Neon wird in Lampen eingesetzt;
- Kohlenstoffdioxid: nicht brennbares Gas, hat aber wärmespeichernde Wirkung.

2. a) <u>Natürlicher Treibhauseffekt:</u> Die Erde ist von der Atmosphäre umgeben, die sich bis 10 km über der Erdoberfläche erstreckt. In dieser Hülle befindet sich die Luft, die die meisten Lebewesen, auch die Menschen, zum Atmen benötigen; sowie verschiedene Treibhausgase. Das wichtigste Gas dabei ist Kohlenstoffdioxid. Die von der Sonne abgegebenen Sonnenstrahlen durchdringen die Atmosphäre und gelangen auf die Erdoberfläche. Sie werden dort zum größten Teil absorbiert, der Rest wird in Form von Wärmestrahlen wieder reflektiert. Diese gelangen jedoch nicht alle zurück in den Weltraum, sondern werden vom Kohlenstoffdioxid in der Atmosphäre zurückgehalten. Auf diese Weise erhöht sich die Durchschnittstemperatur der Erde auf $+15°C$. Ohne diesen natürlichen Treibhauseffekt hätten wir eine Temperatur von nur $-18°C$ auf der Erde und es wäre kein Leben möglich.

<u>Anthropogener Treibhauseffekt:</u> Durch menschliches Einwirken erhöht sich die Konzentration von Treibhausgasen in Atmosphäre, speziell der Anteil an Kohlenstoffdioxid. Da so immer mehr Wärmestrahlen zurückgehalten werden, erhöht sich die Durchschnittstemperatur der Erde.

b) <u>Korrekte Skizze:</u>

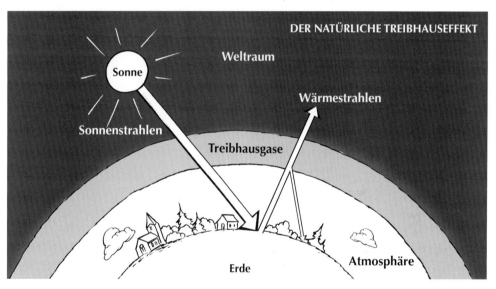

c) <u>Treibhausgase der Atmosphäre:</u> Kohlenstoffdioxid, Methan, Distickstoffoxid, Ozon, Fluorchlorkohlenwasserstoffe

d) Kohlenstoffdioxid absorbiert und speichert Wärme, weshalb die Durchschnittstemperatur steigt. Dies hat negative Konsequenzen für das Ökosystem der Erde, beispielsweise schmelzen daher die Polkappen und Gletscher und der Meeresspiegel steigt.

3. <u>Beispiele für Luftverschmutzung:</u>
- Abgase von Kraftfahrzeugen (Kohlenstoffdioxid) und Kohlekraftwerken (Kohlenstoffdioxid);
- falsche Mülltrennung, weshalb höhere Temperaturen zum Verbrennen benötigt werden und somit giftige Gase (z. B. Schwefeldioxid und Kohlenstoffmonoxid) entstehen können;
- Rauchen (Kohlenstoffmonoxid).

<u>Folgen der Luftverschmutzung:</u>
- Verstärkung des Treibhauseffekts;
- abnehmende Qualität der Luft;
- schädliche Gase und Feststoffpartikel können in unsere Lunge gelangen, weshalb Atemprobleme entstehen können;
- Entstehung von saurem Regen, indem sich eines dieser Gase mit Wasser verbindet. Dieser Regen greift beispielsweise Gesteinsoberflächen und Metalle an.

Julien Bettner: Chemie berufsbezogen 7/10
© Auer Verlag

Lösungen

Mögliche Maßnahmen:

- korrekte Mülltrennung;
- Nutzung erneuerbarer Energien (Wind, Sonne, Wasser);
- Nutzung von Elektroautos;
- Einbau von Filteranlagen in Fabriken und Kraftwerken, inklusive regelmäßiger Kontrollmessungen der Abgase.

6.5 Biotreibstoff (Landwirtschaftlich-technische/-r Assistent/-in) S. 39

1. a) Biotreibstoffe werden aus Biomasse (z. B. Getreide, Zuckerrüben oder auch Exkrementen von Nutztieren) gewonnen.
Fossile Treibstoffe werden aus Erdöl, Kohle oder Erdgas gewonnen.

b) In diesem Zusammenhang beschreibt die Vorsilbe „Bio" nicht, dass Biotreibstoffe aus ökologischem Anbau kämen, sondern dass sie aus Pflanzen(-produkten) gewonnen werden.

c) Die Unterscheidung ist schwierig. Zur ersten Generation gehören Treibstoffe wie Biodiesel und Bioethanol, welche aus den Früchten der Pflanzen gewonnen werden (z. B. aus Rapsöl). Zur zweiten Generation gehören Biomethan, Biokerosin oder BtL-Kraftstoffe (synthetische Kraftstoffe). Sie werden aus der ganzen Pflanze oder aus den Exkrementen von Nutztieren (wie z. B. Biomethan) gewonnen.

2. a) Pro Biotreibstoff: Er wird aus nachwachsenden Rohstoffen gewonnen und…

- … schont so die fossilen Rohstofflager;
- … senkt so die Abhängigkeit von den Ölstaaten;
- … nutzt bereits vorhandene biologische Rohstoffen (z. B. Pflanzen).

Contra Biotreibstoff:

- Es müssen mehr Felder mit Pflanzen (z. B. Raps oder Mais) beackert werden, die zur Nutzung von Biokraftstoff verwendet werden, statt als Nahrung (für Mensch und Tier).
- Weideflächen verwandeln sich so in Ackerland.
- Wälder müssen möglicherweise gerodet werden, weshalb weniger Kohlenstoffdioxid gespeichert werden kann.
- Man ist von den Witterungsverhältnissen abhängig, d. h. bei Dürre bzw. wenig Niederschlag gibt es eine schlecht bzw. keine Ernte. Wenn dann die vorhandenen Pflanzen nicht als Nahrung (für Mensch und Tier) sondern als Treibstoff verwendet werden, erhöhen sich die Nahrungspreise.
- Ggf. werden Pflanzen aus ärmeren Ländern importiert, die wiederum dort dann fehlen.

b) / c) Individuelle Lösungen

3. a) Methan ist ein sogenannter Kohlenwasserstoff mit der Summenformel CH_4. Es handelt sich um ein farbloses Gas, welches auch Bestandteil von Erdgas ist. Methan ist leicht entzündlich und wird daher in der Schule beim Einsatz von Gasbrennern genutzt.

b) Methan entsteht zusätzlich beim Verdauungsprozess von Rindern, die es anschließend ausstoßen. Ein Rind kann bis zu ca. 400 Liter Methan pro Tag „produzieren". Leider ist dieses Gas für den Treibhauseffekt tatsächlich 20-mal gefährlicher als Kohlenstoffdioxid. Landwirte mit Viehwirtschaft „produzieren" daher dieses gefährliche Gas. Je mehr Tiere sie besitzen, umso mehr Gas entsteht.

c) Methan ist ein Biogas, das in Biogasanlagen für die Erzeugung von elektrischem Strom genutzt werden kann. Besitzt ein Landwirt (zusätzlich) eine solche Anlage, kann er mit der erzeugten Strommenge meist seinen Hof und die Anlage betreiben. Ob eine solche Anlage für den hier diskutierten Nachbarn eine Option ist, hängt von der Größe seines Betriebes und der Anzahl seiner Tiere ab.

Julien Bettner: Chemie berufsbezogen 7/10
© Auer Verlag

Julien Bettner: Chemie berufsbezogen 7/10
© Auer Verlag